姚卫伟

精选美文导读

◎姚卫伟　主编

江西教育出版社
JIANGXI EDUCATION PUBLISHING HOUSE

图书在版编目（ＣＩＰ）数据

姚卫伟精选美文导读 / 姚卫伟主编. -- 南昌: 江西
教育出版社, 2017.9
ISBN 978-7-5392-9780-4

Ⅰ. ①姚… Ⅱ. ①姚… Ⅲ. ①作文课－中学－教学参
考资料 Ⅳ. ①G634.343

中国版本图书馆 CIP 数据核字(2017)第 243824 号

姚卫伟精选美文导读
YAOWEIWEI JINGXUAN MEIWEN DAODU
姚卫伟　主编

江西教育出版社出版
(南昌市抚河北路 291 号　　邮编：330008)
各地新华书店经销
南昌市红星印刷有限公司印刷
787 毫米×1092 毫米　　16 开本　　19 印张　字数 225 千字
2018 年 1 月第 1 版　2018 年 1 月第 1 次印刷
ISBN 978-7-5392-9780-4
定价：48.00 元

赣教版图书如有印装质量问题，请向我社调换　电话：0791-86705770
投稿邮箱：JXJYCBS@163.com　　来稿电话：0791-86705643
网址：http://www.jxeph.com

赣版权登字-02-2017-543

向智慧出发的快乐阅读

姚卫伟

美文美读，美在智慧，美在快乐，美在人生的道路上从此有了精神的行囊与生命的品格。

江苏省南京市教学研究室原副主任、语文专家张雨仁说："'美文美读'不但是优秀的课外读物，而且对写好作文很有帮助。全书就是一个丰盈的作文素材库。"

"美文美读"分五大板块，23个栏目，其中的看点有以下四类：

人物题材——科学大家，文化名家……他们当是每个青少年心之向往的崇拜偶像。

情感题材——亲情友情，人间真情……那些感人的故事一定会让你触动心弦。

社会与自然题材——让你观察思考后充满铁肩担道义的人文情怀。

哲理小品——透过现象，直击本质。它锤炼你的思维，也启迪你的心智。

每一篇文章都是精挑细选，每一个作品都有价值指向。是文字，也是哲理；有叙事，也有抒情；可欣赏，也能励志。

写作文时读一读，给你启示；学习累了翻一翻，让你放松；遇到困难时看一看，茅塞顿开……当然，中考、高考前的作文复习，只要你认真阅读，包括每一篇作品后的提示，就一定能开阔思路，找到语感，增强表达的愿望与兴趣。

我愿意向同学们推荐，更愿意和同学们共同阅读及成长。

敬 告 作 者

　　本书在编著过程中从多种渠道选编文章,凡作品收入本书的作者,我们都尽可能地与他们进行了联系。但是,由于一些作者的姓名或地址不详,暂时还无法取得联系。我们恳请入选作品的作者同我们联系,以便做出妥善处理。对各位作者的支持,谨表衷心的谢意。

目 录
Contents

一、普通人的崇高与大家的标高

二、穿越时空的心灵印记

记忆深处

三、城市是文明的家园

城市节拍

文化观照

江南品质

文化寻踪

社会观察

教育真谛

四、生命里的缘分

透过现象

生命悟读

忽然明白

五、对知识怀有永远的渴望与好奇

新知探究

会意自然

感触生灵

一、普通人的崇高与大家的标高

　　佛心佛性，众生即佛，这是普贤菩萨说的。因为芸芸众生，才浩浩荡荡地汇成了大千世界。卖馄饨的、卖糖的，那些小商小贩，还有香港的义工黄福荣，他们都很普通，但都很崇高。

　　那些伟人、名人、大家、名家，他们确有不凡之处，但他们都是普通人。无论是启功、黄永玉，还是钱学森、高锟，他们的杰出与不凡正源于他们人性中的平凡之光。他们生活俭朴，工作勤奋；他们平等待人，甘于寂寞；他们感恩于自己的父母，他们热爱自己的国家……

人海拾珍

当少年哭着从口袋里掏出那些玻璃碎片,并将找回的零钱交到日本游客手中时,大家都感动得不知说什么才好……

尼泊尔少年 ·········· 徐竞草

很久以前,极少有人到风景优美的喜马拉雅南麓去游玩,因为那里位于尼泊尔境内,交通闭塞,比较贫困落后。

后来,有几位日本游客来到了这里。一天,打算用餐的时候,他们请当地一位少年帮他们买 2 瓶啤酒。即使是最近的杂货店,也在好几里之外,结果少年奔波了 3 个多小时,才将啤酒买回来。日本游客得知后,非常感动,也更加信任他了。

第二天,他们又让少年去买啤酒,这次要买 10 瓶,并给了他很多钱。可直到第三天下午,也没见少年回来,大家都隐约觉得,他一定是携款逃跑了。

到了夜里 11 点多,旅馆的门却突然被急促地敲响了,敲门人正是那个少年。只见他浑身是泥,蓬头垢面——原来他只在最近的那个杂货店买到了 4 瓶啤酒,于是,他又翻过两座高山,游过一条大河,在另一个较远的杂货店买齐了另外 6 瓶啤酒。在返回的途中,为了赶时间,他跑得飞快,结果不小心被一块石头绊倒,打破了 3 瓶。为了证明酒是真的被打破了,少年又将 3 瓶酒的碎玻璃渣全部装进了口袋里。

当少年哭着从口袋里掏出那些玻璃碎片,并将找回的零钱交到日本游客手中时,大家都感动得不知说什么才好⋯⋯

几名游客回到日本后,将这个故事讲给他们所认识的人听,认识的人再讲给认识的人听,口耳相传。结果,后来有很多日本人开始陆陆续续地到尼泊尔来,极大地带动了当地的旅游业。

什么是诚信,它到底有没有用?尼泊尔少年给出了一个响亮的答案。

阅读提示

一个尼泊尔少年的诚信带动了尼泊尔一个地方的旅游业。诚信有什么用?诚信就是生产力,诚信就是发展力,诚信是任何力量都无法匹敌的社会文明的推动力。

導 語

　　汪一挑的馄饨，做的是生意人的真诚，品的是人间的真情。

汪一挑

人　海

　　那一年汪一挑做了父亲，生活的压力和责任一下子让这个对祖传的馄饨挑子百般厌恶的男人发生了改变。他结束了打工生涯，回到老家接过祖上的马头担子，在黄山屯溪老街卖起了馄饨。

　　汪一挑出门前，换上地道的对襟蓝布印花中式衣服，头上戴着瓜皮小帽，脚蹬宽口布鞋，担着老式的马头挑子，一套行囊家伙和黄山屯溪老街融成一道亮丽的风景，吸引众多的游客追逐品尝。吃过汪一挑馄饨的人，都夸他的馄饨皮薄馅鲜，有的游客见到他的第一句话就说，他是听了朋友的介绍来品尝的。八只一小碗，大碗翻倍，往大骨头老汤里一放，不一会儿揭盖，如玉的馄饨像一尾尾游弋的金鱼。在碗里调上鲜美的汤料，盛入馄饨，端着即食，也可边走边食。有个广州的游客，看见汪一挑就问："正宗安徽特色的汪一挑吗？"要了馄饨要给小费，汪一挑拒绝了。后来要付勺子钱，汪一挑说勺子是免费的，不要钱。一连五次拒绝小费，广州客人对他的伙伴说："这个安徽人做生意是好样的，我要向他鞠一躬。"

　　汪一挑卖馄饨，特别用心，这不单反映在他的衣着上。那天老街的一位大妈吃了他的馄饨，感叹地对他说，馄饨好吃，可是家里困难，吃不起啊。汪一挑和当地街道联系，决定每个月派发一百碗免费馄饨票，专

给贫困老人。一个简陋的馄饨挑子，生意再好，也是薄利，一百碗馄饨不是小数目啊，可是汪一挑做这个决定的时候，眉头都没拧一下。不仅这样，要是赶上"三八"节这天去屯溪老街，女顾客还可以享受他的八折优惠。

大伙特别爱去他的挑子吃馄饨，不光是为了好吃，他的馄饨里有浓浓的人间真情哩。

都说汪一挑做生意的时候心细着呢。那天来了一群台湾游客，汪一挑就在他们碗里多放了一只馄饨：小碗九只，大碗十八只，他说这是取"九九归一"之意，希望宝岛早日回到祖国的怀抱。馄饨虽小，心意却大，游客们在品尝馄饨的正宗口味，更是在品味家的温暖。

汪一挑的生意特别火，有的时候顾不上收钱也不知道。有一天有两个外地的女子，吃完了忘了给钱就走了，后来她们特地又来吃一次，把上次的钱一起付了。黄山学院的许多留学生都是汪一挑的常客和好朋友，有外宾来吃，他们给他做翻译。留学生还搞了一次活动，给汪一挑馄饨征集一句话，最后他们采取这句话：汪一挑的馄饨，是最好吃的馄饨。

汪一挑是在一次意外的机会被中央电视台摄制组发现的，他上了中央电视台，后来还上了台湾电视，以后又陆续有电台、电视台和多家报纸对他进行报道。汪一挑出名了，黄山市也给他注册了他的头像商标，汪一挑成了宣传徽文化的流动站。夜里，收了担子，他还写起了博客，写他的梦想，将来能开分店……

那天我上他的博客，发现他在为上海发来的请柬犹豫。人家请他去做经验介绍，他很彷徨，不知道出名后会不会影响他认真做馄饨。有博友说，宣传汪一挑是好事，但要把握住方向，不要被名利迷失。我很赞成。汪一挑的馄饨，做的是生意人的真诚，品的是人间的真情。

阅读提示

汪一挑的馄饨好，为人更好。为什么他的馄饨卖得好？说到底是因为他人好。作者不是空泛地夸他，更用许多鲜活的实例证明。末尾一段，点明题旨，深化主题，让人深长思之。

导 语

他一边变戏法，一边卖糖，一双胖胖的手，指肚滚圆，却转动灵活。这双异常敏捷的手，大概就是他绰号"快手刘"的来历。

快手刘  冯骥才

人人在童年，都是时间的富翁。有时我待在家里闷得慌，或者父亲嫌我太闹，打发我出去玩玩，我就不免要到街口去看快手刘变戏法。

快手刘是个撂地摆摊卖糖的胖大汉子。他有个随身背着的漆成绿色的小木箱，在哪儿摆摊就把木箱放在哪儿。箱上架一条满是洞眼的横木板，洞眼插着一排排廉价的棒糖。他变戏法是为了吸引孩子们来

买糖。戏法十分简单,俗称"小碗扣球"。他两只手各拿一只茶碗,你明明看见每只碗下边扣着两只红球儿,你连眼皮都没眨动一下,嘿,四只球儿竟然全都跑到一只茶碗下边去了!有一次,我亲眼瞧见他手指飞快地一动,把一只球儿塞在碗下边扣住,便禁不住大叫:

"在右边那个碗底下哪,我看见了!"

"你看见了?"快手刘明亮的大眼球朝我惊奇地一闪,跟着换了一种正经的神气对我说,"不会吧!你可得说准了。猜错就得买我的糖。"

"行!我说准了!"我亲眼所见,所以一口咬定。

谁知快手刘哈哈一笑,突然把右手的茶碗翻过来:

"瞧吧,在哪儿呢?"

咦,碗下边怎么什么也没有呢?难道球儿从地下钻进左边那个碗下边去了?快手刘好像知道我怎么猜想,伸手又把左边的茶碗掀开,同样什么也没有!只见他将两只空碗对口合在一起,举在头顶上,口呼一声:"来!"双手一摇茶碗,里面竟然哗哗响,打开碗一看,四只球儿居然又都在碗里边。

四周围看的人发出一阵惊讶不已的唏嘘之声。

"你输了吧!买块糖吃就行。这糖是纯糖稀熬的,单吃糖也不吃亏。"

我臊得脸发烫,在众人的笑声里买了块棒糖,就站到人圈圈后边去,从此,我再不敢挤到前边去多嘴多舌了。

他那时不过40多岁吧,正当壮年,精神饱满,肉重肌沉,乌黑的眉毛像是用毛笔画上去的。他一边变戏法,一边卖糖,一双胖胖的手,指肚滚圆,却转动灵活。这双异常敏捷的手,大概就是他绰号"快手刘"的来历。我童年的许多时光,就是在这最最简单又百看不厌的土戏法里,在这一直也不曾解开的迷阵中,在他这双神奇莫测、令人痴想不已的快

手之间消磨掉的。他给了我多少好奇的快乐呢！

我上中学后就不常见到快手刘了。只是路过那街口时，偶尔碰见他。他依旧那样兴冲冲地变着"小碗扣球"。

我上高中是在外地。人一走，留在家乡的童年和少年就像合上的书。往昔美好的故事，亲切的人物，甜醉的情景，就像鲜活的花瓣夹在书里面，再翻开都变成了干枯的回忆。谁能使过去的一切复活？那去世的外婆，不知去向的挚友，妈妈乌黑的卷发，久已遗失的那些美丽的书，那跑丢了的绿眼睛的小白猫……还有快手刘。

高中二年级，我回家度假。一天，在离家不远的街口看见十多个孩子围着什么又喊又叫。走近一看，心中怦然一动，竟是快手刘！他依旧卖糖和变戏法，但人已经大变样了。十年不见，他的模样接近了老汉。他分明换了一双手！手背上青筋缕缕，指头绕着一圈圈皱纹，快像吐尽了丝而缩下去的老蚕……他抓着两只碗口已经碰得破破烂烂的茶碗，笨拙地翻来翻去；那四只小红球儿，一会儿没头没脑地撞在碗边上，一会儿从手里掉下来。他的手不灵了！孩子们叫起来："球在那儿呢！""在手里哪！""指头中间夹着哪！"

我也清楚地看到，在快手刘扣过茶碗的时候，把地上的球儿取在手中。这动作缓慢迟钝，失误就十分明显。孩子们吵着闹着叫快手刘张开手，快手刘的手却攥得紧紧的，朝孩子们尴尬地掬出笑容。这一笑，满脸皱纹都挤在一起，好像一个皱纸团。他几乎用请求的口气说："是在碗里呢！我手里边什么也没有……"

当年神气十足的快手刘哪会用这种口气说话？这些稚气又认真的孩子们偏偏不依不饶，非叫快手刘张开手不可。他哪能张手，手一张开，一切都完了，我真不愿意看见快手刘这副狼狈的、惶惑的、无措的窘态。多么希望他像当年那次——由于我自作聪明，揭他老底，迫使他亮

出个捉摸不透的绝招,小球突然不翼而飞,呼之即来。

如果他再使一下那个绝招,叫这些不知轻重的孩子们领略一下名副其实的快手刘,瞠目结舌多好!但他老了,不会再有那花好月圆的岁月年华了。

我走进孩子们中间,手一指快手刘身旁的木箱说:

"你们都说错了,球儿在这箱子上呢!"

孩子们给我这突如其来的话弄得莫名其妙,都瞅那木箱,就在这时,我眼角瞥见快手刘用一种尽可能的快速把手里的小球塞到碗下边。

"球在哪儿呢?"孩子们问我。

快手刘笑呵呵翻开地上的茶碗说:"瞧,就在这儿啊!怎么样,你们说错了吧,买块糖吧,这糖是纯糖稀熬的,单吃糖也不吃亏。"

(有删改)

阅读提示

　　题目就三个字,但活生生地道出了所写人物的特征,十分醒目有力。全文构思精巧,开头与结尾照应得浑然一体,叙述技巧也很值得我们学习。动作、细节、过程有序而富有节奏,动感十分明显,有很强的可看性。

导 语

目前,香港义工团体会员有1800多家,登记在册的义工总人数约80万人,约占人口总数的11.6%。

"香港雷锋":中国慈善的样板 ············· 詹 晟 平 悦

4月14日7时49分,青海省玉树藏族自治州玉树县发生里氏7.1级地震。这几天,举国上下都心系地震灾区。同时,人们也满怀悲痛地默念着一个香港义工的名字:黄福荣。内地网友将其誉为"香港雷锋"。

黄福荣曾在日志空间《傻人有傻福》中坦言:"如果用我这样没用的人来换一个或更多比我有用的人,我会毫不考虑地去做。但如果真的给我遇上,我会怎样做? 不知……"最终,黄福荣用行动回答了自己。

在黄月秀眼中,弟弟福荣是个老实人,但对公益事业却低调执着。今年46岁的黄福荣去内地做义工已经多年。黄月秀回忆说,福荣受到一个叫隋继国的人很大影响。多年前,他偶然读到隋继国《挑战死亡——白血红心走天涯》一书,被这个患有白血病的军人感动,想方设法加入了隋继国由北京到深圳的慈善徒步之旅的尾段。

2002年,黄福荣用7个月时间独自由香港步行到北京,为中华骨髓库筹款。一向省吃俭用的黄福荣,连打电话都分秒必争,生怕浪费金钱,却为救治白血病患者捐出自己全部的积蓄。

2008年汶川地震一发生,黄福荣就坐不住了。当时已患有糖尿病的他,不顾生病,执意到四川灾区做了两个月义工。先是在成都,后来又到了重灾区什邡,协助搬运物资和帮助灾民清理瓦砾。

每一个传颂黄福荣救人故事的人无不动容:14日那个噩梦般的时

刻降临玉树的时候,原本黄福荣已安全地跑到院中空地,当得知教学楼里还困着3个学生和3个老师时,他义无反顾地两次冲进教学楼救人,不幸在余震中罹难。当救援人员把被埋的福荣挖出来时,他唯一的话是:孩子和老师救出来没有?

每逢遇到大灾大难时,我们几乎都能看到香港义工的身影。在很多内地人看来,香港是一个典型的商业社会,一切按照商业规则来运作,总给人一种冷冰冰,甚至有些残酷的感觉。但是,香港义工们的行动告诉我们,在这个繁华都市背后,也涌动着一股强大的暖流。目前,香港义工团体会员有1800多家,登记在册的义工总人数约80万人,约占人口总数的11.6%。

香港自从1968年成立志愿者服务咨询委员会及下属的志愿者服务部起,经过数十年的发展,义工运动已得到来自社会各阶层广泛的响应。社会福利署(职能相当于内地民政局)自1998年起推动一项全港性的"义工运动",已形成一股不小的热潮。

由民间肇始的香港慈善,天然具备了公众信任。这种公信促使政府与非营利机构合作,也确保全民参与。除了义工发展局,其他慈善机构也有自己的义工。

香港对义工的管理、督导与沟通、培训、保障与激励考核有一套完整的体系。每年,社会福利署、义工发展局依据服务时间、服务程度、投入感情等各项指标对义工进行考核,进行义工嘉许,包括全港杰出义工奖、香港杰出青年义工等等。年服务时间超过200小时的颁发金牌;超过100小时的颁发银牌;超过50小时的颁发铜牌,获得这样的奖牌在香港人眼中是莫大的荣誉。每到星期六,在香港热闹的街头会有不少年轻人,一手提着一个小箱,一手拿着一张纸进行街头募捐,这是港人最常见的义工活动"卖旗"。所谓的"旗",是筹款团体印制像邮票大小的粘贴图案,它既表示感谢捐款人,也是已捐款标志。香港市民普遍都

有"买旗"做善事的习惯,虽然投入"旗袋"的多是硬币,但积少成多,卖旗筹款成为香港慈善团体每年收入的来源之一。如今,周三、周六卖旗已成为香港市井一道独特的人文风景线。

义工的准入门槛比较低,有爱心的人士都可以去自己感兴趣的慈善机构中服务。从小学开始,王达就开始同母亲一起去做义工。多年来,到医院探访过病人,到安老院给老人修剪过指甲,到特殊学校为小朋友们演出,到街头及小区参加过筹款活动,还到孤寡老人家去做过家访。"我好喜欢帮人,见到对方开心,我就开心。记得读中一的那年,我参加过一个单亲家庭工作坊,虽然我只是负责带小朋友玩游戏,但事后有一个小朋友同我讲,自从父母离婚之后,他都没玩得这么开心过。那一刻,我真的好感动,这就是我做义工的动力。"

曾有人计算过,香港市民当义工每年为香港所做出的经济贡献高达 30 多亿港元,足以兴建半座青马大桥,而他们传播的人间温暖则更是宝贵的社会精神财富。

阅读提示

黄福荣虽然只是个普通人,但他是真正通天达地的"觉悟者"。一个人做点好事并不难,难的是一辈子做好事。黄福荣这一辈子,他无意追求高尚,但他无疑是全球华人心中的高尚者。个人欲求少而又少,道德力量大而又大,这就是黄福荣留给后人的无尽财富和宝贵遗产。

导　语

曲培兰好像完全变了一个人，球衣破了，球裤也破了；胳膊肘破了，膝盖也破了；衣服湿了，头发也湿了；身上脏了，脸上也脏了。

极限曲培兰 ·············陆文虎

虽然已经是40多年前的旧事了，但是，我记忆犹新，一切恍如昨日。

那时，我还是北京101中学的一名学生。有一天，我们听说国家女排要来学校做训练表演，老师和同学们都异常兴奋，大家早早地就来到运动场，上千人把那里围了个水泄不通。我们听说当时的日本女排有个教练叫大松博文，用超强度的魔鬼训练法把日本女排训练成了奥运冠军。中国女排今天就是要表演类似日本魔鬼训练的极限训练。那时候，日本女排在训练中创造了连续滚翻救球400多次的世界纪录。为了赶上和战胜日本女排，国家女排决心先要在训练中超过她们。虽说是表演，却没有降低一丁点儿难度，实际上是一场真正的"极限"训练。接受训练的运动员名叫曲培兰，我至今也不知道她是国家女排随机指定的，还是专门挑选出来的最优秀运动员。

穿着一身红色运动服的曲培兰出场了。两名男教练负责扣球，一个累了换另一个，两人轮流休息。每一个球扣下来，曲培兰就一个箭步扑上去把球救起来，接着做一次滚翻；刚爬起来，第二个球又扣下来，她又扑上去救第二个球。动作潇洒、轻松愉快、全无失误地滚翻几十次

后,曲培兰开始出汗,脸也红了。连续滚翻100多次后,她的脸开始发白,救球的动作也渐失潇洒,可以看出她已经很疲劳。滚翻200多次后,曲培兰的体力逐渐不支,有时,球救起来了,人却爬不起身来。滚翻300多次后,她已达到极限,每一次扑救似乎都要用尽全身力气,但是,她总是能够站起来,迅速凝聚新的力量去迎接下一个扣球。

滚翻400多次后,曲培兰好像完全变了一个人,球衣破了,球裤也破了;胳膊肘破了,膝盖也破了;衣服湿了,头发也湿了;身上脏了,脸上也脏了;看不清她的手,想必早已伤痕累累;她已经极度疲劳。她机械地滚翻、站起来,再滚翻、再站起来,却始终没有倒下。两名男教练在每人经过200多次的大力扣球后也已精疲力竭,同时,看到曲培兰每一次都拼尽全力的情景,他们实在不忍再继续扣下去。眼看训练无法继续下去,国家女排只好换了一位女教练。女教练眼里噙着泪水开始扣球,一个又一个。曲培兰用快散架的身体坚持滚翻,又挣扎着站起来,就像是一个不知道屈服、也不知道疲劳的机器人。看着看着,每个人都被感动了,许多女同学哭了,男同学则攥紧拳头好像在施以援手。全场人声鼎沸,齐声计数,呐喊声发送着无穷的力量。

超过日本女排创下的世界纪录了,曲培兰并没有停下来,她艰难地继续滚翻扑救,一个又一个砸下来的球被救起来。终于,曲培兰做了第500次滚翻,第500个球被救起来了。全场欢呼,曲培兰松了一口气,她创造了新的世界纪录,结束了当天的训练。很显然,曲培兰躯体的力气早已消耗殆尽,驱动她完成每一次滚翻救球动作的完全是意志、是精神。精神向体能发出挑战,并且取得了胜利。今日观之,"极限"训练未必科学,未必必要,但在当时,确是制胜的不二法门。

在现场,所有的人都热血沸腾,所有的人都忘我欢呼。我们和曲培兰之间产生了一种完美的互动:我们的呐喊在那一刻鼓舞了曲培兰,曲

培兰的壮举则激励了我们一生。此后几十年里，一直没有机会问问曲培兰当时的感受。但我想，那时她一定不会像许多电影中人物那样，想说大话，想喊口号；她应该是只有一个信念，那就是：坚持。

1981年11月17日，中国女排战胜美国队，夺得世界冠军，举国欢腾。当时，我正在厦门大学读研究生，业师郑海夫教授谓："前人云，一事能狂便少年。你缘何不喜极而狂？"我回答："已狂过了。"便给他讲了曲培兰的"极限"训练故事，郑老听后唏嘘赞叹不已。后来，我曾与排球名将陈招娣成为同事，我们谈到曲培兰时，她也对前辈极表崇敬。

少年时期的这次心灵震撼，使我受益匪浅。在漫长的人生之路上，我也曾身处逆境，在长期的军旅生涯中，我也曾遭遇过生命危险，但是，极限曲培兰总是鼓舞着我。我深知，世界上没有过不去的难关，坚持就是胜利。

阅读提示

一次少年时代的心灵震撼，一份珍藏一生的心灵感动。曲培兰连续滚翻救球500次的壮举若黑夜中的火光照亮了作者的人生长途，也激励着我们去勇敢地面对任何困难和挑战。奇迹源于坚持，意志的力量使一切皆有可能。

一种死是一种生的开始。

想起启功先生的墓志铭 ……………… 徐迅雷

启功先生去世了。九十三岁，人杰人瑞。

很多年前，我第一次读到启功先生自撰的《墓志铭》，乐而开怀："中学生，副教授。博不精，专不透。名虽扬，实不够。高不成，低不就。瘫趋左，派曾右。面微圆，皮欠厚。妻已亡，并复后。丧犹新，病照旧。六十六，非不寿。八宝山，渐相凑。计平生，谥曰陋。身与名，一齐臭。"

在我读过的墓志铭中，哪有这样超然幽默的文字呢！非有佛家的境界而不能为也。

墓志有铭，刻画栩栩如生；人生似歌，吟唱娓娓动听。人生历程中的种种蜿蜒曲折都化作了养分，为学因此博大，为人因此宽厚。启功先生"六十六"岁就说"非不寿"了，如今可是九三高龄，非博大宽厚而难以抵达也。对待声名、荣誉、生死，启功先生一直是这样乐观、旷达、诙谐。岁数大了，身体不免闹出些毛病，他曾因心脏病几次住院，就笑曰："嗨，我的心坏了坏了的！"作诗记病，有云："填写诊单报病危，小车直向病房推。鼻腔氧气徐徐送,脉管糖浆滴滴垂。心测功能粘小饼,胃增消化灌稀糜。遥闻低语还阳了,游戏人间又一回。"不是抵达天地境界的人,能够"游戏人间"乎?

仁者寿。启功先生素以宽厚著,非仁而有宽厚乎?我喜欢书法,曾到北京琉璃厂古玩市场逛逛,见到诸多未曾装裱的"启功书法"待售,当时多少有点怀疑真伪。后来才知,启功先生有"宽待仿冒"之美谈:一天,他到北京潘家园,看到许多店铺都挂有他的字,这里成了著有启功名号的书法作品的海洋,可见不着一件他亲手所书,全是仿作。有人问他感觉如何,启功先生笑答,写得都比我好。对于有人建议写状子告他们,启功又笑了:"这些假字都是些穷困之人因生活所迫,寻到的一种谋生手段,我一打假,也把他们的饭碗打碎啦!我为什么要这样做!"众人听了哈哈大笑。宽厚是启功先生的一种真品格,其实他拿起法律武器来讨说法也是好的,那不也是"法治"与"德治"的统一吗?

而今,启功先生已经离我们而去了,这样的高龄,按乡下老家的说法,属于"喜丧",是值得高兴的事。我此刻在南方的杭州遥祝启功先生自撰的墓志铭终于派上了用场——我想启功先生对我的"祝贺"该是不会有意见的。

一种死是一种生的开始,"身与名,一齐臭"是不存在的——身火化,不臭;名流芳,蛮香。

阅读提示

　　启功先生作为文化大师不但给我们留下了学问和艺术,更给我们留下了道德与操守,还有那天地之间的高远、

博大和无可穷尽的心灵海洋。

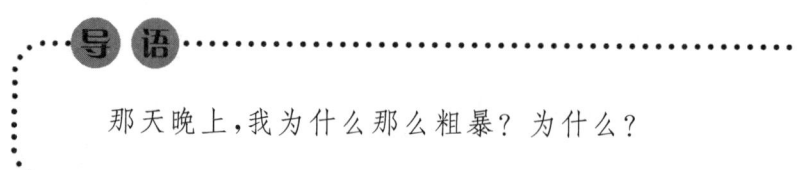

导 语

那天晚上,我为什么那么粗暴?为什么?

心 债 严文井

现在我是一个人过日子,一个女儿一星期来看我一次,拿拿报纸,送些食品,还帮助做些零事。

有一次,我忽然向她道歉:几十年前,我狠狠打过你一次。

"我早已经忘了,爸爸,我一点儿印象也没有了。"

可不是,她的儿子已经上大学了。

我极不耐烦地对待过妻子李叔华(当她病重的时候)。她子宫里长了一个肉瘤,流血不止,躺在床上不能动。她对我说:"在床旁柜子抽屉里有一瓶云南白药,可以止血,你帮我找一找。"

"这半夜三更,怎么找?"我近乎咆哮了。

她只温和地回答了一句:

"将来你要后悔的。"

现在她死亡已经二十几年。我追悔莫及。我们结婚以来,生了六个孩子,她的确事事依着我。我说的和做的,她都报以微笑,甚至连我开的玩笑也如此。

那天晚上,我为什么那么粗暴?为什么?

我该报答而没有报答的有冯牧、何其芳、陈白尘、沙汀、康矛召、黄钢一大批人。

就是对于周扬,我也欠他一篇文章,公正地说:他的好话与缺点。

我想大概我已经84岁了,提笔忘字,写文章越来越难的缘故,但我还应该设法还我的债。

阅读提示

作者用解剖刀直击自身灵魂,这不仅仅是一位耄耋老人的可嘉勇气,更是一代文学大师留给后人的一种超乎寻常的道德标高和至真至善的人生境界。

张开济的大　黄永玉的小 ·········· 仲利民

张开济是位著名的建筑设计师,他设计的许多建筑都是在国内乃至国际上具有重大影响的作品,如天安门观礼台、中国革命历史博物馆、钓鱼台国宾馆、友谊宾馆、北京天文馆等。

祝勇采访他时,指着他家墙上的一张照片说:他们都是大人物。这张照片上有黄永玉、杨振宁、丁聪、张开济等人。

张开济笑着回答:我不大。

祝勇说:您大。

想不到张开济借机幽了自己一默:我年龄大。

如果说张开济谦逊有加的话,那么他也有固执己见的时候。他设计的中国历史博物馆和中国革命博物馆,都是用方柱子,这与人民大会堂的圆柱相比,让人感到方柱细,不对称,周恩来总理在审看方案时,提出加粗方柱子,想不到张开济坚持自己的设计方案,并说服周恩来总理。如果加粗方柱子,在不同角度观看时,就会发现方柱子粗笨,破坏了整体的美感。最终,周总理接受了张开济的理由。在专业问题上,张开济寸步不让,这是他另一种"大"的表现,看得远、想得细、敢于坚持、敢于承担。

与张开济的"大"相媲美的是黄永玉的"小"。这个从湘西凤凰出来的黄永玉,少年时期就被誉为"中国三神童之一",他出色的木刻作品蜚声画坛。黄永玉经常为革命进步刊物配图、作画,受到冯雪峰的接见。冯说:想不到你这么小。这样的话,著名画家徐悲鸿也讲过:"我以为你五十多岁呢!想不到你这么小。"

黄永玉不仅年纪小,他还在许多地方表现出"小"来。他的作品受到好评,加上他的传奇经历,如果附会一下,他肯定是位英雄人物。然而,他的回答处处透露出自己内心的"小",他说自己画画就是想到哪里画到哪里,没有那么多的远见,也从未为自己设计更多的离奇经历。这样的坦诚,也许有人认为太不足为奇,可是,从他坦荡的话语中,我们如何能不被感动?这是讲真话、说真理的"小",这是一个大家应有的真诚与坦荡。

阅读提示

张开济与黄永玉是真正的大家。

张开济的勇于担当,黄永玉的率真坦露,他们在艺术设计的美学维度中还坚持着一份做人的坦诚。

导语

他是爱外孙女的,可是作为音乐学院院长,他能开这个口子吗?

老院长的故事 ……………… 贾立夫

他是一位音乐大师。他有个外孙女,那年报考音乐学院附中,未能如愿。他十分难过,他对外孙女有一种歉疚感。"文革"期间,他被关押、被揪斗、被凌辱,无力顾及她的"功课",出狱后又忙于主持院政,又因病住院开刀,对外孙女的辅导更成一种奢望。现在连附中也未能考上,他十分自责。

有人说,只要他点个头,外孙女就可以入院试读,他沉默不语。他是爱外孙女的,可是作为音乐学院院长,他能开这个口子吗?

于是,他把全家人召集起来,讲了老院长肖友梅先生的故事。他说,1929年,经上海工部局乐队首席小提琴富华推荐,受校长肖友梅(当年国立音乐院改组为国立音专)聘请,俄籍教授查哈罗夫来校任教。一次音专招了一批学生,一名女生分到查氏班上。在教学中,查氏觉得这位女生音乐素质差,就找到肖友梅说,这个孩子我不能教,最后丢下一句话:"听说这个孩子是你的小辈。"是的,这个女孩正是肖的侄女。肖二话没说,马上决定让侄女转学。他讲完这个故事,动情地说:"那时是旧社会,现在是新社会;那时是国民党,现在是共产党,我不能不如肖友梅啊!"家人被说服了,外孙女改考了普通中学。

这位音乐大师,就是我们所敬重和爱戴的贺绿汀先生。

阅读提示

音乐大师贺绿汀的大师称号不仅仅是他的音乐成就，更是他的道德品格。

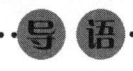

我只想再听听他语重心长的教诲，再听他轻声地问道："亲爱的同学，我能为你做些什么？"

我的老师梁晓声 .... 贾 焱

在多数人眼中，梁晓声是闻名遐迩的大作家。然而对我来说，他更是一位诲人不倦的老师，一位与众不同的大学教授。

初来北京语言大学时，常听学姐们提到梁晓声老师。每次谈起他，她们都是满脸的兴奋与崇敬。当时，我对梁老师还没有多少了解，只知道他是当代著名作家。他的小说《今夜有暴风雪》《雪城》等只是依稀从父辈那里听到过。后来听说大三有他的选修课，于是满心欢喜地盼望着，能早日一睹大师的风采。

这期间又经历了一番曲折。先是听说梁老师的身体不好，不能保

证给我们代课。后来又听说他教完我们前一届就要离开北语。总之一句话:我们无缘聆听他的教诲。于是,见他的愿望便与日俱增。然而这一切终究是道听途说。大三新学期的第三天,梁老师如期出现在教室门口。

这是我第一次如此接近一个名人,兴奋、紧张,更多的是好奇。梁老师出现的一刹那,教室里顿时安静了下来。一双双期待的眼睛审视着眼前这位传奇式的人物。他的身上带着一种威严,抑或是一种作家身上独有的气质。一件玄色毛衣、一个印有八卦图案的白色帆布包,更使他变得神秘莫测。他的眼睛炯炯有神,甚至可以说是具有杀伤力的。视线扫过之处,鸦雀无声,大家连呼吸都要小心翼翼了。而老师的声音很有磁性,属于低沉的男中音,对于听讲的人而言是一种享受。我暗暗地想:大作家的课堂要求定是与众不同的吧。

果然,刚上课,梁老师就训练我们起立。在同学们的惊讶声中,梁老师将课前起立定为他的第一项课堂要求。课堂进行的过程中,老师又要求我们坐直,不能趴在桌子上。最要命的是,不知道什么时候就会被他点起来回答问题,而回答不上来的情景更是十分尴尬的。这一切都使本应活跃的课堂气氛变得紧张起来。我对这门课的兴趣也随之消减。

"老师今天有一点发烧。"这是梁老师课前常说的一句话。因为说得多了,我也就不是很在意。直到有一次,老师的声音突然变得很微弱,像是从遥远的地方传来。每讲一句话,他都要停顿片刻,再接着讲下一句。我这才意识到老师的身体是真的很不好。后来读他的杂文,才知道老师喜欢熬夜写作,颈椎腰背都不好,而老师却从来不曾因为生病请过一天假。于是再上课的时候,我就格外用心了。我不想让老师的辛勤劳动白白浪费掉。

原本以为大作家讲课随口就来，应该是不需要备课的吧。然而，梁老师在课堂上，手中却拿着一份讲义。我这才知道老师每节课都要认真准备，亲手写讲稿。每节课，都要精心选择一个主题，如"人文主义""情调与情怀""情节与细节"等。他极力想让我们明白，写作最重要的不是技巧，而是情怀。直到那时，我才领悟到老师上课时的良苦用心。

梁老师的课是周一下午第一节，恰逢周末刚过。每次上课，我都带着周末综合征遗留的疲倦，踩着铃声进教室。有一次，因为中午有事没有回寝室，就提前到教室趴在桌上小憩。一点四十刚过，教室的门开了。我很纳闷，谁会来得这么早？朦胧中抬了抬眼皮，恍惚看到了那个熟悉的、招牌式的白色帆布包。猛然抬起头来，竟是梁老师。后来才知道，梁老师每节课都会提前十五分钟到教室。有时闭目养神，而更多时候是为了和早来的同学聊天。谈文学，谈人生，天南海北，无所不包。梁老师总是给予青年学生以最热心的帮助与最诚挚的忠告。

大学老师一般是按时来，按时走，平时难得见面，与他们聊天的机会更是少之又少。想到这些，我对梁老师的崇敬之情便油然而生。从此，上课铃打响之前，我必然也已经坐在教室里了。

一次课前，我找梁老师询问作业的问题。由于是第一次和他面对面地讲话，加上老师身上素有的威严，心里不免有一点紧张。我低着头，支支吾吾的，一句话反复说了许久，不知所云。而梁老师一开口就将我所有的不安化解掉了："亲爱的同学，我能为你做些什么？"

我抬起头，正遇到老师亲切、和蔼的目光。在解答问题的过程中，老师始终是轻声细语的，像是和自己的孩子谈心。问过之后，转身要走，梁老师把我叫住了。"最近有什么作品需要老师帮忙修改的吗？""最近……没有。""以前的习作也可以呀，拿来老师帮你看看。""嗯。"我嘴上答应着，心里想：老师大概是随口说的吧。他要上课，带研究生，又

要写文章,作讲座,哪里会有闲暇为我修改文章? 恰逢当时临近期末,事务繁多,习作一事早就被我抛在脑后。

再一次上课时,梁老师是主动走来与我聊天的,这让我很是意外。老师与我谈起毕业后的打算。

"考研吧。"我说。

又问我研究生毕业后的打算,我无语了。这是我从来没有想过的。

老师看着我,良久,语重心长地说:"无论考研还是日后工作,现在都要多学点知识才行啊!"

我重重地点点头。

末了,老师竟再一次提出帮我修改习作。我惊诧万分,心里充满不安和感动。没想到老师竟是认真的。我窘了,好不容易从牙缝里挤出几个字:"最近在准备英语考试,还要写论文,所以……很忙。"

我的声音低得连自己都听不到。老师虽然难以掩饰内心的失望,但对我仍旧是鼓励的话语:"那么,以后有作品,老师还是可以帮你改的。"

我早已无地自容。直到课程结束,我也没能交给老师一篇像样的习作。现在想来,真是愧对老师的一片苦心啊。

最后一次课是新年后的第一节,下了雪,天很阴。直到结课的最后一分钟,老师都在讲评同学们的作业。这作业是老师挨个用彩笔悉心批改的,每一篇都有他针对性的评语。

下课铃声打响了,有人上前与他合影留念。我只是呆呆地站着,莫名地惆怅,脑中极力回忆着老师讲课时的一言一行。

我忽然记起老师曾不止一次在课堂上感叹当老师的不易,他常说要为人师表,要对学生负责。我想,梁老师早已做得很好了。

现在没有他的课,平时更是难得见他一面。每当看到许多人为了听一场他的讲座，从很远的地方赶来，我总觉得自己是那么幸运，可又是那么不知道珍惜。现在，我只想再听听他语重心长的教诲，再听他轻声地问道："亲爱的同学，我能为你做些什么？"

阅读提示

"亲爱的同学，我能为你做些什么？"抓住人物的一句话，便能折射出主人公的思想灵魂。

导语

上苍不会让所有幸福集中到某个人身上。

世界是自己的
杨　绛

在这物欲横流的人世间，人生一世实在是够苦的。你存心做一个与世无争的老实人吧，人家就利用你欺侮你。你稍有才德品貌，人家就嫉妒你排挤你。你大度退让，人家就侵犯你损害你。你要不与人争，就得与世无求，同时还要维持实力准备斗争。你要和别人和平共处，就先得和他们周旋，还得准备随时吃亏。

少年贪玩,青年迷恋爱情,壮年汲汲于成名成家,暮年自安于自欺欺人。

人寿几何,顽铁能炼成的精金,能有多少?但不同程度的锻炼,必有不同程度的成绩;不同程度的纵欲放肆,必积下不同程度的顽劣。

上苍不会让所有幸福集中到某个人身上,得到爱情未必拥有金钱;拥有金钱未必得到快乐;得到快乐未必拥有健康;拥有健康未必一切都会如愿以偿。

保持知足常乐的心态才是淬炼心智、净化心灵的最佳途径。一切快乐的享受都属于精神,这种快乐把忍受变为享受,是精神对于物质的胜利,这便是人生哲学。

一个人经过不同程度的锻炼,就获得不同程度的修养、不同程度的效益。好比香料,捣得愈碎,磨得愈细,香得愈浓烈。我们曾如此渴望命运的波澜,到最后才发现:人生曼妙的风景,竟是内心的淡定与从容……我们曾如此期盼外界的认可,到最后才知道,世界是自己的,与他人毫无关系。

阅读提示

苦才是人生,痛才是经历,舍才是得到,丑才是历练,富才是智慧,做才是拥有……

> "您招研究生有什么标准吗?"钱老笑着回答我:"研究生复试,我从来不问科学知识,我只问人生方向。"

校长钱伟长 ············ 李雪林

拼搏不息的可爱老头

见到钱老的时候,他正坐在清晨的阳光里,一个人摆着棋谱。白色的衬衫外面套着黑色的毛线背心,银发梳理得纹丝不乱,眼神专注认真。下棋是他年轻时的习惯,如今成了他晚年最大的爱好。即将迎来95岁生日的他,依然精神矍铄,充满智慧。

他下棋所在的房间就是他平日里饮食起居的场所,坐落于上海大学延长校区的乐乎楼,仅七八十平方米,房间的布置非常简洁,桌椅仍是十几年前的风格,隔壁的书房摆满钱老主编的杂志和各种书籍。钱老在上海没有房产,他说他喜欢住在学校里,因为可以随时随地看着他一手创建和发展起来的上海大学。

他经常到校园里散步,他说最喜欢看学生穿梭在校园里,步履匆匆地赶往教室上课,每当这时,他会兴奋地点头说:"很好!"一旦看不到人,他会马上嗔怪道:"人都到哪里去了?"等到旁人告诉他,学生们放假了,他才放下焦急的心情。学生们看到钱老都会热情地上来打招呼,对于学生拍照的请求,他从不会拒绝,总是展露微笑,积极配合。

身边的学生、工作人员更愿意这样评价他:一个拼搏不息的可爱老头。

"拆墙"理论的魅力

"做了20多年校长,您觉得最难的是什么?"

"师资队伍建设。"

"你觉得自己最成功的是什么?"

"我把师资队伍改造好了。"

思维敏捷的钱老,对于记者的提问,给予了巧妙而恰当的回答。

而师资队伍的改造,来源于钱伟长的一个理念:教师要教好课,必须有强大的科研能力做后盾。而这正是围绕"拆除四堵墙"的教育思想展开的。四堵墙即是:学校与社会之间的墙;教学与科研之间的墙;各学院与各专业之间的墙;教与学之间的墙。而他拆墙的核心目标就是:办出能兴国的教育。

在20世纪50年代有这样一个说法,科学院搞科研,大学搞教学,虽然最后并没有成为定论,但是它的影响是非常大的。而钱老多年坚持必须把教学与科研结为一体。

"一个搞科研的教师和不搞科研的教师是有根本差别的。"钱老说,必须把最前沿的科学成果带给学生,培养学生分析问题和解决问题的能力,培养学生发现问题和提出问题的能力。

当你走向社会,面对实际工作的时候,你要首先提出问题,正确地提出问题就已经解决了问题的一半。科研工作就是要解决这样的问题。

钱老最近还强调,我不是反对抓专业教育,而关键是反对专业过

早、过专。而且在我们中国大学这样的学制下,专业的教育应该放到研究生阶段,本科还是一个打基础的通识教育。如果按这种专业教育做下去,那么基础就不够广阔,而且学术思想也不行。

钱伟长先生在 20 世纪 80 年代就提出来,经过研究生培养的年轻老师,应该首先开专题课,开与他的研究领域相关的课程。逐渐成为副教授以后,可以开专业课。资深的老教授,应该去开基础课,"因为这个时候你的知识面也宽了,工作经验也丰富了,讲课的经验也丰富了,你也有能力掌握 100 多人的大教室里的教学秩序"。

"国家的需要就是我的专业"

1913 年 10 月 9 日,钱伟长出生于江苏省无锡县鸿声里七房桥一个贫寒的书香门第。钱家素以诗书传家,叔父钱穆成为他的启蒙老师。

1931 年,钱伟长以中文、历史双科两个 100 分成绩进入清华大学历史系学习。"我还记得当时的语文题目是《梦游清华园记》,我写了一篇赋,450 字,出题目的老师给了我 100 分;历史题目是写二十四史的名称、作者、卷数,我一点错误都没有,又是满分。"

入学第三天,"九一八"事变爆发,当时全国青年学生纷纷罢课游行,要求抗日。受爱国情绪的激发,钱伟长决定弃文从理,经过艰苦努力转入物理系学习,踏上了"科学救国"的道路。对一个物理得分不怎么高的学生来说,弃文从理需要很大的勇气。当时和钱伟长一起改学物理的学生共有 5 个,最终只有钱伟长一人坚持到毕业。

1939 年初,钱先生考取庚子赔款留英公费生,后因第二次世界大战爆发,船运中断,改派加拿大。1940 年至 1942 年,钱先生在加拿大多伦多大学应用数学系学习,并获博士学位。之后,赴美生活和工作,在美国加州理工学院任喷射推进研究所工程师,在"世界导弹之父"冯·

卡门指导下从事火箭的空气动力学设计和地球人造卫星的轨道计算方面的研究。

抗战胜利后,1946年,钱先生从美国回到中国。当时他对美国人讲的理由是:离家多年,儿子已经快7岁了还没见过,所以要回来探家。1948年,中国处在内战时期,清华的教授生活非常苦。这时,一个老朋友从美国回到北京看望他。老朋友觉得钱伟长的生活太困难了,告诉他加州理工学院仍然欢迎他回去工作,还可以把全家一起带去。但在办理签证手续的时候,当中有一栏:"如果中美交战你能不能站在美国一边",他的答案是"No",毅然放弃了去美国的机会。

上海大学常务副校长周哲玮是1982年考上钱伟长先生的研究生的,直到1987年博士毕业。周哲玮在通过博士论文答辩以后,问了钱先生一个问题:"钱校长,您看我今后应该朝哪个方向发展?"就因为这样一个大家觉得理所当然的问题,他挨了一顿批评。钱校长说:"你还是那套做学问的想法,什么叫往哪个方向发展?是将来需要你做什么,你就做什么,我这一辈子就是这样做的。"

钱老从1948年开始带研究生,到2005年送走最后一批博士,可谓桃李满天下。"您招研究生有什么标准吗?"钱老笑着回答我:"研究生复试,我从来不问科学知识,我只问人生方向,比如我问他们'你觉得读书做什么用''家里支持不支持''自学能力如何'……"看似简单的问题,钱老是想更多地了解学生读书学习的目的和目标。

我问钱老:"在科学家、政协副主席、大学校长、教授等诸多称呼中,您最喜欢哪一个?"

钱老没有犹豫:"当然是校长了。"

他又补充说:"校长不是什么官,最重要的是全身心投入。"

1983年,钱伟长开始担任上海工业大学校长。1994年,上海工业大学、上海科技大学、上海科技高等专科学校和原上海大学组建新的上海大学,他继续担任校长。如今,他是全国在位的最年长的校长。

阅读提示

　　钱伟长是著名科学家,但他最重视什么呢?正如文章中所说,钱老招研究生的标准,从来不问科学知识,只问人生方向,如读书做什么用?家里支持不支持?自学能力如何?这给同学们什么样的启示呢?那就是有出息的人,是能成就一番事业的人。专业知识当然重要,但更重要的是人生的态度和志向,这也是包括钱伟长在内的许多大科学家的成功之道。

导　语

　　80年过去了,他在空白处栽种的一切,让我这样的后代得以生活在一个浓荫蔽头的世界上。

叶企孙:大师们的老师 ⋯⋯⋯⋯ 柴　静

　　我们都知道李政道、钱学森、钱三强等这些人,原本也应该知道他——他是他们的老师。

李政道大二的时候,是被他破格选送去美国的。李政道后来说:"他决定了我的命运。"

华罗庚是初中生,是他让其在清华算学系任职,又送去英国深造,华罗庚说:"我一生得他爱护无尽。"

那是战乱烽火时代,但后来的重要科学发展所依仗的这些人,是他在那时满地焦土上栽下的桃李。

他叫叶企孙。

一

他生在上海,1915 年在清华上学的时候,成立了清华校史上的第一个学生团体——科学会。他当时不过 17 岁,拟订的会员守则是:一、不谈宗教;二、不谈政治;三、宗旨忌远;四、议论忌高;五、切实求学;六、切实做事。

1918 年,他留学美国,后来在哈佛读博士,导师是诺贝尔物理学奖获得者布里奇曼。他的第一个研究课题所测定的数值被国际物理学界沿用达 16 年之久。这一年他 23 岁。

二

他 27 岁回国,在清华执教。他的学生回忆:"第一届学物理的有 4 个人,第二届只有 2 个人,第三届只有 1 个人。从一年级到二年级、三年级,都是他一个人教,所有的课都是他一个人开,不是他想单枪匹马,是他想请人家来,人家不来,也请不到。"

他已不求收获,只问耕耘。

他是清华物理系主任,这对他自己来说是一种牺牲,相当于要放弃了自己的专业研究来做行政工作。

从 1926 年到 1937 年,他先后为物理系和理学院聘请了熊庆来、吴有训、萨本栋、张子高、黄子卿、周培源、赵忠尧、任之恭等一批学者。

吴有训还只不过是刚到校的普通教师,资历、年纪都不如他,但他把吴有训的工资定得比自己的还高。1934 年,他引荐吴有训接替自己担任物理系主任一职。4 年后,他力主吴有训接替自己的理学院院长一职,那时他正当盛年。

冯秉铨毕业的时候,他对他们说:"我教书不好,对不住你们。可是有一点对得住你们的就是,我请来教你们的先生个个都比我强。"他不光要栽种,他还要育土。

1929 年,他又组建了清华理学院,包括算学、物理、化学、生物、心理、地学 6 系。

三

他终身未娶,唯与学生亲厚,当中有一人叫熊大缜,他们在那几年里几乎相依为命。1938 年,熊大缜突然对他说要去冀中抗日。他明知这学生在河北没有依靠和相熟的人,又没有政治经验,但是国难当头,他只能送他去。他唯一能聊以自慰的是他能够帮着自己的学生在后方收购一些雷管、炸药等军用物资。战争中,熊大缜被怀疑是汉奸,遭秘密逮捕,在没有调查核实、没有经过任何法定程序的情况下,在押送途中被用石块砸死。

新中国成立后他仍然当过一段清华的一把手,一直到 1951 年。1968 年,已经 70 岁的他因为熊大缜的事被捕。

他在狱中一年半。看过提审纪录的黄延复说,他所有的话,其实只有一句:"我是科学家,我是老实的,我不说假话。"

之后他被红卫兵组织隔离审查。

他出现幻听，认为有电台在监视他，"一举一动都有反应，他喝一口茶，电台就说他喝茶不对；他走出门，电台就叫他马上回去"。他的侄子看着他，"甚觉悲哀"，说："你是学物理的，你知道电波透不过墙，根本没有这种事，是幻觉。"

他说："有，是你耳朵聋，听不见。"

之后他再次入狱，出来的时候，已身患重病，小便失禁，双腿肿胀难以站立，整个身子弓成 90 度。

当时的中关村一带，有不少人都看见过他。他穿着一双帮裂头缺的破棉鞋，有时到一家小摊上，向摊主伸手索要一两个小苹果，边走边嚼。如果遇到学生模样的人，他就伸手说："你有钱给我几个。"所求不过三五元而已。

后来他已经渐渐恢复一些神智，有一次钱三强在中关村的马路上碰到他，"一看到老师呢，就马上跑上去跟先生打招呼，表示关怀，先生一看到他来了，马上就说，你赶快离开我，赶快躲开，以后你见到我，再也不要理我了，躲我远远的"。钱三强当时是二机部的副部长，负责原子弹工程。

他的学生深知他的用意，"他知道这么重要的工作，最忌讳同那些政治上有问题的人来往，他生怕钱三强因此遭到不幸"。

四

他的侄子说他从没对任何人讲过自己的悲惨："他的看法好像是世界上和历史上冤枉的事情很多，没有必要感叹自己的人生。"他只是经常坐在一张旧藤椅上，读点古典诗词或历史书打发时光。1977 年 1 月 13 日，他去世。

1929 年，他在《中国科学界之过去、现在和将来》中曾写道："有人怀疑中国民族不适宜研究科学，我觉得这些论调都没有根据。中国在最近期内方明白研究科学的重要，我们还没有经过长时期的试验，还不能说我们缺少研究科学的能力。唯有希望大家共同努力去做科学研究，50 年后再下断语。诸君要知道，没有自然科学的民族，绝不能在现代立得住脚。"

80 年过去了，他在空白处栽种的一切，让我这样的后代得以生活在一个浓荫蔽头的世界上。

阅读提示

人物、题材自身很重要，抓住人物之特征集中表现更重要。"大师们的老师"，这个定位与角度是人物自身的优势，也是作者眼光独到的结果。

导 语

自信就是最好的通行证。

天才不需要转弯抹角——钱学森拜师记 ……卞毓方

1935 年 8 月,钱学森抵达美国。他进的是麻省理工学院,攻读航空工程。钱学森在麻省有一句名言,背后牵扯着一个看似简单却又影响深远的故事——

麻省是世界级的理工名校,位于美国东北部,与哈佛大学隔河相望而又并肩驰名。不言而喻,凡是进入麻省的,都不是等闲之辈(笔者注:钱学森的同班同学中,就包括美国七十年代末的国防部长哈罗尔德·布朗)。而就在这批天之骄子中,突然冒出了一个中国小伙子,和他们平起平坐,分享"世界顶级"的荣光,有几位盎格鲁撒克逊族的后裔就看不惯了。一天,他们当着钱学森的面,故意大谈中国是如何如何落后,中国人又是如何如何愚昧。这是公然挑衅了。钱学森怒从心头起,他直视那几位碧眼黄发的主儿,大声说:"中国现在是比你们美国落后,但作为个人,咱们人比人,你们谁敢和我比试?"

谁敢?钱学森话一出口,周围空气立马上升了几度,那几位自命不凡的美国同学,额上禁不住渗出粒粒细汗——毕竟是从千百人中挑出的尖子,自大而又不乏敏感,他们从钱学森郑重其事的叫板中,瞬间掂出了他的吨位。

不用说,那结果自然是钱学森大获全胜。他在航空系待了不到一年,就完成硕士论文并顺利通过答辩。闪电般的速度,优异的成绩,令班上所有的同学都大吃一惊！

1936 年 8 月，钱学森研究生毕业，按理说，他应该留在麻省继续读博，这时缘于种族歧视出现了障碍，美国的飞机制造厂不许钱学森去实习。学飞机制造而不能去飞机制造厂实习，这就意味着他难以继续深造。经过慎重抉择，他决定改投另一所世界名校——加州理工学院。那里有他敬重的冯·卡门（Theodore von Kármán，1881—1963）。

冯·卡门是谁？一位匈牙利裔的犹太人，驰名世界的空气动力学教授，加州理工学院航空系主任。钱学森深知拜师要拜名师，他要读博，就应拜冯·卡门。但是，钱学森与冯·卡门素不相识，又无人可从中介绍，怎么办？钱学森有自己的办法：毛遂自荐。

天才是不需要转弯抹角的，自信就是最好的通行证。1936 年 10 月，钱学森与冯·卡门在加州理工会面。钱学森做自我介绍，他讲的是航空、航天，仿佛他不是来拜师，而是来向冯·卡门描绘共同奋斗的前景。是的，这就是他对未来航空航天的认识，超人一等而又精辟绝伦，他看上了冯·卡门的理论力、领袖力，愿意投在他的门下驰驱。冯·卡门开怀大笑了，这是伯乐的笑，统帅的笑。冯·卡门为钱学森的远见、渊博和果敢打动，当场破格录取他为博士研究生。

冯·卡门的高明，高就高在他的出手，他一上来就交给钱学森两大难题：

1. 当飞机的飞行速度提高到亚音速时，气体的可压缩性对飞行器的性能到底会产生什么影响？它们之间的定量关系如何？

2. 如果将飞机的飞行速度进一步提高到超音速，应该采用什么样的理论指导和技术设计？

这是当时航空技术的焦点。飞机的飞行速度和高度，决定了空军的实力，美国正面临世界多元的挑战，迫不及待地要从航空技术取得突破。

钱学森知难而上，全力以赴。他从加州理工图书馆借得大批有关空气动力学的书籍，日夜苦读，与此同时，潜心研究现代数学、原子物理、量子力学、统计力学、相对论、分子结构、量子化学等基础理论。五十年代，钱学森回忆起那一段攻关生活，说："我不是讲大话，我在做空气动力学的时候，关于空气动力学方面的英文的、法文的、德文的、意大利文的文献我全都念过。为了要把它做好，我得这么念，而且还进行了分析。"钱学森的方法，就是竭泽而渔。

1939年6月，钱学森完成了《高速气体动力学问题的研究》等四篇博士论文，获得航空和数学的双博士学位。钱学森在博士论文中，完成了飞机在高速飞行时，所受空气摩擦阻力和热效应重要影响的精确数据与结论，这在当时，是一个全新的理念。另外，钱学森创立了一种关于计算高速飞行中的机翼表面压力分布情况的科学方法，被命名为"卡门—钱学森公式"。

冯·卡门对钱学森取得的成就，十分欣慰，他在私下里坦言："钱学森的天资是极为罕见的。""人们都说，是我发现了钱学森，其实，是钱学森发现了我。"

钱学森和冯·卡门都很有个性，举两件事，略窥他俩的风采：

一是，有一次钱学森做报告，描述航空航天远景，台下一位老人举手发言，对他的某些观点进行驳斥，钱学森坚持己见，两人针锋相对，互不相让，爆发了激烈的争吵。老人走后，一直在旁默默观战的冯·卡门，这时走上前来，对钱学森说："你知道刚才那位老人是谁吗？"钱学森摇头。冯·卡门说："他就是冯·米赛斯啊！"冯·米赛斯？钱学森显出一脸惊讶，原来他就是那位大名鼎鼎的力学权威！冯·卡门面露诡谲的笑，问："如果你知道他是谁，还敢和他辩论吗？""怎么不能？"钱学森回答,"在学术问题面前人人平等,这是您一贯教导我的嘛。"

二是,有一天钱学森写了一篇文章拿给冯·卡门看,冯·卡门认为他的观点是错的,钱学森就和冯·卡门辩论,辩到后来,冯·卡门大发雷霆,他把钱学森的文稿扔到地上,拂袖而去。然而,第二天凌晨,钱家的门铃骤然响起,钱学森感到奇怪,谁这么早登门?打开一看,啊,是冯·卡门!但见他紫涨着脸,迫不及待地声明:我想了一夜,终于搞明白了,昨天你是正确的,而我错了。说罢,深深地给钱学森鞠了一躬。这一躬,让我们知道钱学森有多了不起!这一躬,更让我们领略冯·卡门有多伟大!

在加州理工学院读博期间,钱学森参加了一个业余的"火箭俱乐部",因为研究肇始,风险极大,所以又叫作"自杀俱乐部"。正是这段充满艰险的、不可思议的研究生涯,圆了他儿时纸镖飞行的梦,同时也把他迅速推进到火箭研制开创者的前台。

1940年,钱学森独立完成了《关于薄壳体稳定性的研究》一文。这是钱学森的出师之作。以此为标志,他从冯·卡门的麾下脱颖而出,进入国际知名学者的行列。

钱学森为他的这篇成名作,耗费的精力是巨大的。1962年,在北京召开的一次力学会议上,钱学森如是回忆:"我过去发表过一篇重要的论文,关于薄壳方面的论文,只有几十页。可是,我反复推敲演算,仅报废的草稿便有七百多页。要拿出一个可看得见的成果,仅仅像一座宝塔上的塔尖。"

阅读提示

钱学森的故事，百读不厌。钱老虽离我们而去，但他的科学天才，他的勤奋严谨，他的识见胆略，他的情怀胸怀，一代大师的风采，留给中国人的是永远的美丽，留给中华民族的是永远的骄傲。

导语

1974 年 10 月 18 日，他获得诺贝尔物理学奖。这是继李政道、杨振宁之后，第三个获得此项殊荣的华人学者。在颁奖典礼上，他不顾阻挠，坚持用自己的母语——汉语发言。

丁肇中的"奇"与"怪" ·············· 徐恒足

一提起美籍华裔物理学家、诺贝尔物理学奖获得者丁肇中，熟悉他的人都会说：那是一个奇人，又是一个怪人。

说到"奇"，丁肇中确实有一段令人惊奇的人生经历。他祖籍山东日照，父母毕业于美国密西根大学。他是早产儿。1936 年 1 月 27 日出生于美国密西根大学城，两个月后随父母回国。之后，20 岁的丁肇中

从台湾回到父母的母校——美国密西根大学学习数学和物理学,他仅用了 5 年多时间就获得物理、数学双学士和物理学博士学位,一些美国同学称他为"奇人"。尔后,他到哥伦比亚大学、麻省理工学院任教,接着从事科研工作。如此算来,从念大学到博士再到搞科研,一般人大约需要十多年时间,而他只用了 6 年。在 1974 年 8 月,他经过 10 年矢量介子实验,发现被称为"物理学十一月革命"的新粒子——j 粒子。他告诉人们:"我做了 10 年矢量介子实验,才从上百亿个各种各样的粒子中找到了一个 j 粒子。这就好像在北方地区下了一场倾盆大雨,我从无数雨点中辨认出一个带颜色的雨点那样困难,不允许有丝毫的松懈和马虎。"由于这一在物理学上有划时代意义的新发现,1974 年 10 月 18 日,他获得诺贝尔物理学奖。这是继李政道、杨振宁之后,第三个获得此项殊荣的华人学者。在颁奖典礼上,他不顾阻挠,坚持用自己的母语——汉语发言。这种奇人奇事,在中外历史上甚为罕见。

说到丁肇中的"怪",突出表现为三个"不":

一是"不合群"。美国同学对他的评价是:学习顶呱呱,就是不合群。从学习到工作,他的生活轨迹始终是图书馆—实验室—食堂—宿舍。在美国,大学的课外生活是绚丽多彩的,可他几乎是什么也不参加。所以,他在学校没有朋友。结婚成家后,他整天埋头在实验室里,有时是两天两夜、三天三夜,甚至五六天五六夜不回家。孩子都抱怨老见不到爸爸。在各种社交场合,几乎就不会见到他的身影。

二是"不给面子"。丁肇中酷爱书法艺术,但这么多年来,他没给包括他故乡日照在内的任何学校或科研单位题过字。究其原因,一方面是不愿让那些频繁的社交活动浪费自己宝贵的时间和精力,影响科研活动;另一方面竟是出于对书法艺术的特别敬重。他曾不止一次对人说,书法艺术比物理学更加深奥、更加神秘。他说:世界上各个国家、各个民族,几乎都有自己的语言和文字,唯有中华民族的文字在书法上又是一种博大精深的艺术,给人以美的享受。为此,他绝不给人题字。在国内某大学给师生演讲时,校长一再请他题写校名,他断然谢绝,说自己的字写得不好,会损害书法艺术。后来,他的老家山东的两所大学恳请他题写校名,也都被他以同样的理由拒绝了。不少人对他不干这样一举手既可扬名又能得利的雅事感到不可理解,说他是个傻气十足的怪人。

三是"不知道"。这一点,更是人所共知的"怪脾气"。2004 年 10 月,他来南京给南京航空航天大学的师生做报告,有学生问:"您觉得人类在太空能找到暗物质和反物质吗?"他坦然回答:"不知道。"又一个学生问:"您觉得您从事的科学实验有什么经济价值吗?"他说:"不知道。"另一个学生问:"您能不能谈谈物理学未来 20 年的发展方向?"他仍然说:"不知道。"对此,很多人感到大惑不解。在他们看来,南航学生所提的问题极为普通,绝对算不上刁钻古怪,不用说像他这样的大师,就是一般人也能敷衍搪塞过去。他即使真的不想说假话,也要顾及自己的面子和影响,怎么能"三问三不知"呢!

据知情人介绍,对丁肇中来说,"不知道"是一件很正常的事。他一直牢记"知之为知之,不知为不知"这条古训,在任何场合,对任何事情,绝不"强不知以为知"。他在接受中央电视台《东方之子》节目主持人采访时,面对主持人的提问,就一连说过几个"不知道"。在其他重要场合包括级别很高的学术交流会,他对自己不清楚或不十分清楚的问题,都很坦然地回答"不知道"。这其实就是一种实事求是的科学态度,不但无损于一位大师的光辉,还从一个侧面揭示了"大师"之所以成为"大师"的奥秘。事实上,敢于对自己不懂的问题说"不知道",不仅是一种器量,一种品格,也是一种境界。试想,一个人特别是像丁肇中这样在世界上具有很大影响的科学家,如果在学术上没有严谨的科学态度,对一些问题凭"想当然"乱表态,或是为了顾及自己的面子和影响,不懂装懂,用一些模棱两可甚至稀奇古怪的答案去糊弄人,会有什么样的严重后果是可想而知的。那样,失去的就不仅仅是面子,还有更可贵的品质和人格,还会给人类科学事业带来无可挽回的误导和损失。丁肇中的可贵可敬之处就在这里。难怪他面对南航师生的提问连说三个"不知道",会场沉寂几分钟后,爆发出一阵长时间的暴风雨般的掌声。这不仅是对这位大师人品和学问的肯定和崇敬,更使他们零距离地感受到大师身上一贯严格的治学精神和实实在在的人格魅力!

阅读提示

　　写人物最好抓住一点,突出个性,这样才能给人印象深刻。丁肇中是世界著名的科学家,同学们想一想,作者是如何围绕人物个性组织材料、展开叙述的?

导 语

　　1933 年生于中国上海的高锟，人称"光纤之父"，他在 1966 年时，就取得了光纤物理学上的突破性成果。他计算出如何使光在光导纤维中进行远距离传输，这项成果最终促使光纤通信系统问世，为当今互联网的发展铺平了道路。

高锟："光纤之父"的固执 ··············· 张 懿

　　2009 年诺贝尔物理学奖于 10 月 7 日公布，华人科学家高锟以及美国科学家威拉德·博伊尔和乔治·史密斯分享了这一奖项。他们 3 人的成就分别是发明光纤电缆和电荷耦合器件（CCD）图像传感器。在诺贝尔奖官方网站上，他们被冠以"光的大师"称号。

　　光，也许是最平常却最不平常的东西。它时刻在人身旁，很久以来却又一直无法捕捉、称量。高锟，也许就是又一个与光游戏，并做出巨大成就的人。

　　在高锟之前，光纤的实际价值也仅限于医疗等有限领域。

　　科学家曾经考虑过将光作为通信信号的传输载体，因为制备玻璃光纤的材料几乎就源于砂石，那远比铜廉价。那是在 20 世纪 60 年代，但几经努力，结果却让人失望。光在玻璃光纤中传输，会剧烈衰减，1 公里之后就会衰减到 100 亿分之一——按此计算，如果经过一条 1 公里长的输水管，"水立方"满满一池的水将只剩下一滴。

　　刚过而立之年的高锟，就面对着这样的局面——主流的科学家都认为，基于如此高的损耗，光纤虽然可用在短短的胃镜导管上，但用于

长距离通信根本不可能。

而伟大的发现,往往就蕴藏于对"不可能"的否定。

高锟1933年生于中国上海,家境应该不错。他小时候住在法租界,父亲是位律师。据报道,童年的高锟对化学最感兴趣,他曾经自己做土炸弹。后来,他又迷上了无线电,小小年纪就曾成功地装了一部收音机。

1948年,高锟随父母离开上海,举家迁往香港。他曾考入香港大学,但当时的港大没有他感兴趣的电机工程专业。于是他辗转到英国,就读伦敦大学。毕业后加入英国国际电话电报公司任工程师,同时攻读伦敦大学的博士学位。在公司,高锟带领着一个只有几个人的小团队,选择了光纤通信研究这个"不可能的任务"。

在他成功之后,人们最关心的问题,莫过于为什么初出茅庐的他能扛下当时条件下那股强大的质疑。2004年,他在接受马可尼基金会采访时说,那时公司里的氛围十分宽容:只要你别花太多钱,就可以继续下去。而他,这个从小对各种事情充满好奇心的人,则开始了对传统思维的挑战,这种探索的过程给他带来了极大的乐趣。

围绕如何降低光在光纤中的剧烈衰减,高锟做了大量研究,排除了一系列影响因素,最终,他证明,玻璃中的离子杂质对光的衰减起到决定性作用,发现了最适合长距离传输的光的波长、或者说颜色。他预言,只要每公里的光衰减量小于20分贝,也就是只要保留1%,就可以用于通信。

科学的价值,在于揭示出某种技术的极限,如果这种极限是可以实现的,那就意味着为新技术开启了一扇大门。

高锟的这篇具有历史意义的论文于1966年7月发表。不过,当时人们还无法制造出可以达到高锟要求的那种"超纯净玻璃"。为此,这位物理学家不得不担当起一个"布道者"的角色。他四处拜访玻璃工

厂,宣扬他的理论,激励大家一起开发"超纯净玻璃"。

高锟以及通信界都没有等待太久。4年后的1970年,美国康宁公司发明了一种特殊的玻璃制造工艺,首次迈过了"20分贝/公里"门槛。之后,技术不断进步,到后来,每公里光纤的衰减被控制在5%之内。

成名之前,高锟曾遭受到许多人的嘲笑,但高锟的信心并没有动摇。他说:所有的科学家都应该固执,都要觉得自己是对的,否则不会成功。

高锟的发明使信息高速公路在全球迅猛发展,因此,获得了巨大的世界性声誉。不过,由于技术的专利权是属于雇用他的公司,他并没有从中得到很多财富。一次,在接受电视采访时,高锟说:"我心里觉得,一个人有这样的好运,能做一件前所未有的事情,而且做出来的影响是非常非常大,这对我自己个人来说,很满足。就像印刷机让所有老百姓都可以拿到印刷出来的书,可以增加知识一样,光纤把我们的知识时代,把我们所有的信息和所有要传送的资料,都可以很快地送给人家。所以,我很满足,我拿不拿奖,对我完全是没有什么意思。"

高锟后来离开英国,1987年起担任香港中文大学校长,1996年退休。同年,他当选为中科院外籍院士。中科院院士、中科院上海技术物理研究所研究员沈学础告诉记者,10多年前,高锟就被公认是最有可能获得诺贝尔奖的华人科学家之一。

阅读提示

又一个华人诺贝尔奖获得者。毫无疑问,高锟的名字将和杨振宁、李振道、丁肇中、朱棣文、崔琦、钱永健等华人诺贝尔奖获得者一起,以创造历史的姿态载入历史。

　　父亲的意思很清楚,宁可自己的孩子做一个能自食其力的劳动者,也不要做那种徒有虚名、华而不实之徒。

记忆中的父亲 ·········· 周海婴

　　父亲鲁迅先生离开我们已经整整70年了。

　　1936年10月19日清晨,7岁的我从沉睡中醒来,觉得天色不早,阳光比往常上学的时候亮多了。我十分诧异:保姆许妈为什么忘了叫我起床?我连忙穿好衣服,这时楼梯上响起了轻轻的脚步声,许妈来到三楼,只见她眼圈发红,却强抑着泪水对我说:"爸爸没了,侬现在勿要下楼去。"我没有时间思索,不顾许妈的劝阻,急忙奔向父亲的房间。父亲仍如过去清晨入睡一般躺在床上,那么平静,那么安详,好像经过彻夜的写作以后,正在作一次深长的休憩。母亲流着泪,赶过来拉住我的手,紧紧地贴住我,像是生怕再失去什么。我只觉得悲哀从心头涌起,挨着母亲无言地流泪。父亲的床边还有一些亲友,也在静静地等待,似乎在等待父亲的醒来。时钟一秒一秒地前进,时光一点一点地流逝,却带不走整个房间里面的愁苦和悲痛……

　　70年过去,这个场面在我的脑海里还是很清晰,仿佛可以触摸。

在我幼年的记忆中，父亲的写作习惯是晚睡迟起。早晨不常用早点，也没有在床上喝牛奶、饮茶的习惯，仅仅抽几支烟而已。我早晨起床下楼，蹑手蹑脚地踏进父亲的房间，他床前总是放着一张小茶几，上面有烟嘴、烟缸和香烟。我取出一支香烟插入短烟嘴里，然后大功告成般地离开，似乎尽到了极大的孝心。每次许妈都急忙地催促我离开，怕我吵醒"大先生"。偶尔，遇到父亲已经醒了，他只眯起眼睛看着我，也不表示什么。就这样，我怀着完成一件了不起的大事一样的满足心情上幼稚园去。

曾有许多人问过我，在对我的教育问题上，父亲是否像三味书屋里的寿老先生那样严厉，比如让我在家吃"偏饭"，搞各种形式的单独授课；比如亲自每天检查督促作业、询问考试成绩，还另请家庭教师，辅导我练书法、学音乐；或者在写作、待客之余，给我讲唐诗宋词、童话典故之类，以启迪我的智慧……总之，凡是当今父母能想得到的种种教子之方，都想在我这里得到印证，我的答复却每每使对方失望。因为父亲对我的教育，就如母亲在《鲁迅先生与海婴》里讲到的那样："顺其自然，极力不多给他打击，甚或不愿多拂逆他的喜爱，除非在极不能容忍、极不合理的某一程度之内。"

听母亲说，父亲原先不大喜欢看电影。在北京期间不要说了，到了广州，也看的不多。有一次虽然去了，据说还没有终场，便起身离去。到上海以后，还是在叔叔和其他亲友的劝说下，看电影才成了他唯一的一种娱乐活动。

我幼年很幸运，凡有适合儿童的电影，父亲总是让我跟他同去观看，或者也可以说是由他专门陪着我去看。有时候也让母亲领着我和几个堂姊去看《米老鼠》一类的卡通片。由看电影进而观马戏。有一次，在饭桌上听说已经预购了有狮、虎、大象表演的马戏票，时间就在当

晚,我简直心花怒放,兴奋不已。因为,那是闻名世界、驰誉全球的海京伯马戏团的演出。按常规,我以为这回准有我的份儿,就迟迟不肯上楼,一直熬到很晚,竖起耳朵等待父母的召唤。谁料当时父亲考虑到这些节目大多为猛兽表演,且在深夜临睡之际,怕我受到惊吓,因此,决定把我留在家里,他们则从后门悄悄走了。当我发现这一情况后,异常懊丧,先是号啕大哭,后是呜咽悲泣,一直哭到蒙蒙地睡去。事后父亲知道我很难过,和善而又耐心地告诉我他的上述考虑,并且答应另找机会,特地白天陪我去观看一次。因而他在1933年10月20日的日记中,就有这样一条记载:"午后同广平携海婴观海京伯兽苑。"虽然我们参观时没有什么表演,只看了一些马术和小丑表演的滑稽节目,不过我已算如愿以偿,以后也就不再成天嘁嘴嘟囔不休了。

我幼时的玩具可谓不少,而我却是个玩具破坏者,凡是能拆卸的都拆卸过。目的有两个:其一是看看内部结构,满足好奇心;其二是认为自己有把握装配复原。那年代会动的铁壳玩具,都是边角相勾固定的,薄薄的马口铁片经不起反复弯折,纷纷断开,再也复原不了。极薄的齿轮,齿牙破蚀,即使以今天的技能,也不易整修。所以,在我一楼的玩具柜中,除了实心木制拆卸不了的,没有几件能够完整活动的,但父母从来不阻止我这样做。

叔叔在他供职的商务印书馆参加编辑了《儿童文库》和《少年文库》。这两套丛书每套几十册,他一齐购来赠给我。母亲把内容较深的《少年文库》收起来,让我看浅的。我耐心反复翻阅了多遍,不久翻腻了,就向母亲索取《少年文库》,她让我长大些再看,而我坚持要看这套书。争论的声音被父亲听到了,他便让母亲收回成命,从柜子里把书取出来,放在一楼内间我的专用柜里任凭取阅。这两套丛书,包含文史、童话、常识、卫生、科普等,相当于现在的《十万个为什么》,却偏重于文

科。父亲也不问我选阅了哪些，更不指定我要看哪几篇、背诵哪几段，完全"放任自流"。

在我上学以后，有一次父亲因为我赖着不肯去学校，卷起报纸假意要打我屁股。但是，待他了解了原因，便让母亲到学校向教师请假，并向同学解释：确实不是赖学，是因气喘病发作需在家休息，你们在街上也看到的，他还去过医院呢。这才解了小同学堵在我家门口，大唱"周海婴，赖学精，看见先生难为情"的尴尬局面。我虽然也偶尔挨打挨骂，其实父亲只是虚张声势，吓唬一下而已，他在给我祖母的信中也说："打起来，声音虽然响，却不痛的。"又说："有时是肯听话的，也讲道理的，所以，近一年来，不但不挨打，也不大挨骂了。"这是1936年1月，父亲去世的前半年。

父亲在世时，我还是个调皮爱玩的懵懂孩童。父亲的生活起居、写作待客，我虽然日日看到听到，父亲与朋友之间的谈话，我每每在场，他们也并不回避我。我对他们交谈的内容偶尔发生兴趣，其实他们究竟说的什么，我也不甚了然。对于孩子的未来，父亲自然是希望"后来居上"的，但他也写下了为很多人熟知的遗嘱："孩子长大，倘无才能，可寻点小事情过活，万不可去做空头文学家或美术家。"父亲的意思很清楚，宁可自己的孩子做一个能自食其力的劳动者，也不要做那种徒有虚名、华而不实之徒。如今我已年近八旬，一生只是脚踏实地地工作，为社会尽一份绵薄之力，就此而言，自觉也并没有辜负父亲的期望。

 阅读提示

作者周海婴是鲁迅的儿子。周海婴生于1928年，鲁迅

1936年逝世。对于父亲,海婴幼时的记忆阀门一旦打开,便如奔涌的潮水……

该文通篇以客观描述和生活细节表现父亲在"我"脑海中的印象,寥寥数笔便让父亲的音容笑貌、言谈举止跃然纸上。父亲鲁迅对儿子的殷殷之情、切切之意,非常真实动人,它使我们看到了一代文豪的另一面:生活中的常人家庭中的父亲。

结尾看似平淡,实则是全文立意的升华,也是伟人鲁迅自己一生的写照。鲁迅工作学习、做人做事的身体力行,不仅对海婴,而且对一代代青年学子都起到了巨大的激励作用。

导 语

他出身外文系,却仍是中国的读书人。西洋父亲搂着娇女私语窃窃的温馨,他很羡慕,但无能为力。

水深流静,何必波纹  晓 言

余光中早年以诙谐的笔调写了《我的四个假想敌》,称自己长期住在"女生宿舍",看来似乎轻松,其实有点惊怅于女儿的成长。如今,女儿们早已逐渐长大。远东出版社近日出版的《茱萸的孩子——余光中

传》,讲述了余光中和四个女儿之间云淡风轻、水深流静的情感。

"小时候,爸爸喜欢捏我的下巴,"佩珊说,"有一天突然发觉爸爸很久没有这动作了,才意识到父女疏离了。"

"有好长一段时间,我们都很敬畏爸爸,几乎把他神化了,"佩珊是四个女儿中比较顽皮的一个,"现在我比较不怕他了,有时候还敢去撩拨撩拨他,譬如生日时在他脸上抹奶油,开开他的玩笑。"

其实余光中对女儿的态度,在不知不觉中,多少也承袭了他和父亲的关系。

在《日不落家》一文中,他说对女儿的关爱与思念,往往靠电话线来传递。不过,打电话的人往往是妈妈,他偶尔插入,或靠妻子传达。

"每次我打电话回家,如果是爸爸接的,他总是问'你们那里天气怎样',要不就是'你们校长如何如何'。奇怪了,他为什么不问问我的一些私事呢?"佩珊不解。

"他没办法跟人靠得太近,"珊珊说,"他所有的感情都放在文章里,神游想象的天地,很少跟我们闲话家常。家人在一起,他也总喜欢谈文论艺。"

四个女儿中已有两位博士。长女珊珊在堪萨斯大学修完艺术史后,久住纽约,已是一对儿女的妈妈;次女幼珊在英国曼彻斯特大学拿到博士学位,返回中山大学;三女佩珊是营销学博士,返台后应聘在东海大学授课;幺女季珊留法五年,学广告设计,余光中所译王尔德的《理想丈夫》,封面就由她设计。

四个女儿都搦笔能文,有艺术家的潜能,可是到目前为止,没有一个继承父亲创作的衣钵,提起此事,余光中总是埋怨"她们大都懒于动笔"。

对余家的女儿来说,有一位文豪爸爸,压力自然十分沉重,潜意识里避开文学之途,该是很自然的发展。

"我们再怎么写也写不过爸爸了,所以,干脆不写。"这是幼珊的理由。

有一年,余光中生日前夕,幼珊写了首诗送给他,等了几天不见反应,幼珊忐忑不安,私自投稿给《联合日报》副刊。瘂弦收到后,打电话来问,要不要配合时间刊登。这时余光中才说:"糟了,我已经投给《中华日报》了。"不久女儿的处女作见报,做爸爸的郑重剪贴珍藏。

佩珊也有挫折的经历,她曾想参加两大报的文学奖,"可是就因为爸爸是评审而被迫放弃"。她知道自己将来还是会回到文学之途,"可是我一定不写诗"。

珊珊也不想把写作当使命或正业,她宁愿随兴而写,反而自在。

有时候,余光中会羡慕朋友有女儿担任经纪人,而他却要一切自理。在余光中眼中,四个女儿都各有个性,所以,父母一向听其自然。他说她们"变来变去,不知道在想什么"。

女儿们长大了,可是在余光中眼里,她们永远是孩子。在《我的四个假想敌》一文中情窦初开的女儿,如今都是女人了。结了婚的女儿,他希望她们婚姻美满;没结婚的呢,他又暗自着急,怕她们寂寞。不过在女儿面前,他什么话都不说,习惯把一切藏在心底,只敢向妻子间接探听。他认为,女儿的私情天经地义应向母亲倾诉,向父亲恐难启齿。他出身外文系,却仍是中国的读书人。西洋父亲搂着娇女私语窃窃的温馨,他很羡慕,但无能为力。

其实四个女儿都继承了爸爸(爸爸却说是妈妈)的性格。她们都知道爸爸最喜欢撒娇的女人,可是她们四个都不会撒娇。她们看起来都很文雅,可是性格却各有棱角,不易拼图。

罕见余光中当面夸奖女儿的表现,可是只要女儿表现优异,他却会在背后向人宣扬。这一点,恐怕也是当年余父对待余光中的模式。

余家人的关系,清淡中蕴藏着深情,许多没说出口的话,没做出来的动作,蕴在心底,水深流静,何必波纹。

阅读提示

《我的四个假想敌》写的是余光中对四个女儿的依恋、关切与真情。那时,她们还没有长大。很多年之后,女儿们已长大成人,离开父亲独立生活,有各自的天地。她们谈起父亲一些日常的回忆,恰如一位文学家所说:"天上有星,地上有花,人有深情。"

导　语

妈妈会在母亲节获得珠宝和鲜花,而爸爸却在父亲节一无所获,真是够伤感的。

老爸不容易 · · · · · · · · · · · · · · · 李　军　詹德斌

"爸爸是用来挣钱的人""爸爸是工作不怕累的人""爸爸是给我买东西吃的人"。在 17 日父亲节来临前夕,一家调查公司对成都市内 20 家幼儿园的 100 名幼儿进行了关于爸爸形象的问卷调查。从孩子五花八门的答案中不难看出,现代父亲的责任着实不轻。然而,当康乃馨的清香飘散在母亲节的时候,人们却不知用什么来庆祝父亲节。美联社一篇文章因此慨叹道:妈妈会在母亲节获得珠宝和鲜花,而爸爸却在父亲节一无所获,真是够伤感的。

一

第一个提出父亲节的人是华盛顿的约翰·布鲁斯·多德夫人。多德夫人早年丧母,她的父亲每天起早贪黑,无微不至地关心着她和 5 个弟弟。多德长大以后,深感父亲这种自我牺牲的精神应该得到表彰。于是,她建议华盛顿州政府以她父亲的生日、每年的 6 月 5 日作为父亲节。州政府采纳了这一建议,但把节期改在每年 6 月的第三个星期日。

多德夫人的父亲确实代表了一些好父亲的形象。他们一边要辛苦赚钱养家,一边还要悉心照料下一代。父爱无价,不过父亲对家庭的贡献从某种程度上也可以量化。根据英国保险公司"远见之友"的研究结果,有父亲在,一个家庭可以省去聘请花匠、兼职司机、保姆和运动教练等种种专职人员,为此每年可省下 2.55 万美元开销。虽然,这只是保险公司呼吁给父亲上保险的宣传,但从侧面也反映出作为一个父亲所要承担的多种责任。

二

然而,工作的压力让很多父亲无法兼顾家庭和事业。日本文部科学省下属的国家妇女教育中心在日本、韩国、泰国、美国、法国和瑞典各调查 1000 个家庭。结果显示,在 6 个国家中,韩国父亲从周一到周五每天只有 2.9 个小时陪伴孩子,名列倒数第一,而日本父亲只有 3.1 个小时,名列倒数第二。在美国,父亲平均每天花在孩子身上的时间也不

多。美国有媒体对此评价说,小青猴白天90％的时间都待在爸爸的怀抱里,看来,在灵长类中,很多动物当父亲比我们做得好。不过,这种说法无非是一种调侃,毕竟猴爸爸是不需要每天工作、加班的。

与孩子们在一起的时间不多,必定导致交流不足。于是,相对大多数母亲的温柔体贴,有些父亲略显严肃,让孩子有种不好亲近的感觉。这自然让父亲节面临一种表达上的尴尬。美国零售协会做了一项调查,发现美国人在母亲节的消费高达160亿美元,而父亲节的消费额仅为99亿美元,而且这个数字还在下降。家庭问题研究专家保罗认为,社会对父爱的认知不足也是导致这种差异的主要原因。"社会给予母爱的肯定往往高于父爱,因为母亲在抚养和照顾孩子方面起了主要作用。但现在,父亲们也在扭转他们的重心,在孩子身上付出了很多。然而我认为,这些变化并没有引起社会的足够认识。"

三

正如专家所言,父亲们确实在努力改变着。很多爸爸都加入了孩子们的游戏世界。美国很多父亲都表示在游戏的虚拟世界中,他们与子女"同声共气",是亲子沟通的好方法。55岁的巴克约10年前开始与6名孩子一起打游戏机,现在每星期仍花两晚与子女一边"激斗",一边闲话家常,"这样我可以继续影响子女,引导他们的人生,这对我很重要"。除此之外,专家还建议父亲应预留时间与子女一同阅读、散步和聊天。

虽然,相对母亲节,父亲节的礼物和卡片显得少了些,但这并不能完全说明人们对父爱的忽视。在日本,很多人用两个字送上父亲节的问候,一个是谢,一个是爱。在日语中,谢还包含"对不起"的意思,生活中或许有些事情子女对不起父亲,所以,用这个字更能全面地表达对父亲的感情。"爱"则是人们希望用它表达深深的敬爱。在美国,父亲会收到贺卡或袜子、领带等小礼物。在加拿大温哥华,有人会佩戴白丁香表达对亡父的思念。另外一些国家的人还会送父亲向日葵,寓意父亲像伟大的太阳。

不久前,中国某网站对近3000名男性进行了"父亲节"特别调查,在回答"什么是你最重要的工作动力"时,近八成已为人父的职场男人选择了孩子。这个答案似乎可以让一些孩子更理解他们辛勤的父亲。

阅读提示

这篇文章是一篇短小的新闻调查。作者捕捉到的社会问题,许多人感同身受但并没有引起重视和思考,这需要有敏锐的眼光,并通过对材料的收集、整理、分析提炼出自己的观点。有材料,有观点,有分析,甚至有对策,它的意义和作用也就在其中了。建议同学们也要注意了解并学习这样的实用类文体。

> 在八年抗战中,我失掉了好几个亲人,但是最令我不能忘怀和最令我伤心的,便是我的奶妈——我的母亲。

我的母亲

冯亦代

有母亲的人是有福的,但有时他们并不稀罕,视为应得;可是作为一个从小死去母亲的人来说,母爱对他是多么宝贵的东西!他盼望有母爱,他却得不到;他的幼小心灵,从小便命定是苦楚的。

我对于自己的亲生母亲,一点也没有印象;毕竟她去世时我不过是个刚足月的婴儿。我对她的印象是从照片上得来的,那是个多么寂寞幽怨的形象!到如今我连她的照片也没有能保留一帧,对她的印象已随岁月的增长,越来越模糊了。

现在还保留在我脑里的母亲形象,是从小就给我哺乳的奶妈,有奶便是娘,因之我叫她姆妈(杭州人亲娘之称)。姆妈来我家时不过二十一二岁,丈夫刚死不久,有了新生女儿,不久也病死了。在乡下她无法活下去,因为谁都不理她,说她克死了丈夫和孩子。她不得不到杭州当奶妈。她一到杭州,凑巧我家要雇人,荐头行便给她介绍来了。祖母看她干净利落,便留下了她,从此她在我家一住便是十年。

我已经记不清那时的生活细节,但依稀可以记起的便是她把我抱在怀里哺乳时的温馨。以后我断了奶,她还是抚育着我。四季寒暖,衣裳饮食,无一不是她亲自料理的。她人好,嘴巴也甜,她知道一个无母孩子的凄凉,因此,什么事情都护着我。我饿了,我冻了,我给别的孩子

欺侮了,便去找她。后来我上了学,她便每日亲自接送。她不识字,却知道读书是件要事,便天天在煤油灯下督促我读书,而且常常勉励我,要我争气,不要使人说她带孩子带得不好。我年稚贪玩,家里年纪相仿的表兄弟姊妹们也多,每逢我拗着她去玩,不肯读书,她便在暗地里掉眼泪。我一见她掉眼泪就害怕,便偎着她不让她哭,一面乖乖坐下来做功课。祖母说孩子小不要管得太紧,姆妈便说让我做功课,也可以使我少淘气些。因此,我从小便养成为一个懂礼貌而文文静静的孩子。

我有个奶哥,是姆妈的头生儿,她出来做奶妈,便把他寄养在邻人家里。他大概比我长两三岁,那一年邻人趁来杭之便,把他给带来了。姆妈看见他面黄肌瘦的,便背着我家人偷弹眼泪。祖母发觉了,便说把儿子带在身边吧,将来找一门行当去做学徒。这句话给姆妈开了窍,她一下子便把只有十一二岁的奶哥送到一家裁缝铺里当学徒。奶哥有时也到我们家来玩一个下午,姆妈看见他就掉眼泪,因为小小年纪当学徒,日子不会好过的。我也看得心酸,便要她不哭,说等我长大赚了钱,一定养她和奶哥。她这时便破涕为笑,说还是我有良心。

到我九、十岁时祖母去世以后,她因为常常护着我,得罪了我家里的姑太太们——现在没有祖母给她撑腰了,她的处境便不太妙。她看我已大了,可以自己生活,便向我家辞了工。她在杭州除了一个亲生儿子外,孑然一身,生活困难,便由人说合嫁了个人,远住在城外湖墅。可每月总得来看我一次,来时总少不了给我许多吃的玩的。我不愿她辞走,但大人们的决定我也无话可说。每次她来,我是多么高兴;临到她走时,我只能用两行眼泪送她,这时她也哭了。每次来,她总要问我在学校里的成绩,得了好分数她为我快活,得了坏分数便怏然不乐,要我记住她盼望我用功读书的话。

后来我要到上海念大学了,她得了消息,便带了奶哥来看我。那时

奶哥早已出师,能自己赚钱了。我永远忘不了那天她对着奶哥和我的笑容,那是由衷的高兴。临别时她说千万不要忘掉请她参加我的婚礼。

但是我大学毕业不到一年抗日战争便爆发了。每逢看到报上的战讯,我就想到了我的姆妈,不知她的遭遇如何。特别看到日本帝国主义者在南京屠城的消息,我怕她在杭州有同样的命运。有一个时期,我差不多经常梦见我的姆妈,有时她笑容可掬,有时她在哭泣。等到日帝投降之后,我从重庆回到上海,便写信给杭州的亲友,打听姆妈的消息,但是谁也没有给我肯定的答复。有人说上海一打仗,她便举家迁回诸暨去了,有人说日帝在湖墅杀死了大批老百姓,她没有来得及逃出。总之是杳无消息。

在八年抗战中,我失掉了好几个亲人,但是最令我不能忘怀和最令我伤心的,便是我的奶妈——我的母亲。如今又是四十年过去了,我也成了个两鬓苍苍的老人,姆妈当然不可能再在人世了,可是我忘不了这位用奶汁把一个孤苦的孩子哺育大的奶妈。我自幼没有母亲,有了她我自幼也就有了个母亲,遗憾的是抗战胜利后我没法再见到她,更没法请她参加我的婚礼。眼前我已是有了儿女和孙女的人了,但是我忘不了她对我的恩情。

愿天下的儿女即使在垂老时,也能记起自己母亲对他露出的笑容。

阅读提示

你难道没有觉得吗——作者是那么平静,那么温和,甚至是那么随意地讲述一段童年的故事。但那内在的心灵激荡,笔底下对人生和历史的穿越,人世间的所有酸甜苦辣的

事,在这里汇合奔腾,它形成的感情漩涡,有伤、有怨、有喜、有悲、有聚、有别。那遥远而清晰的母亲影像,那渐行渐远的生活场景,我们从中是否也得到了爱和善之温暖呢?

　　该文的动人之处多由细节构成,如"暗地里掉眼泪""偷弹眼泪",这几近白描的手法,却比许多浓墨重彩还要能打动人心。对于散文创作,有时也是"细节决定成败"。

·导·语·

　　当年那五六分钟,使我们父子的诀别成了我内心里刻骨铭心的温馨……

温馨的意味 · · · · · · · · · · · 梁晓声

温馨,它究竟意味着什么呢?

　　那夜失眠,倚床而坐,于万籁俱寂中细细筛我的人生,看有无温馨之蕊风干在我的记忆中。

一

　　从小学二三年级起,母亲便为全家的生活去离家很远的工地上班。每天早上天未亮便悄悄地起床走了,往往在将近晚上 8 点时才回到家里。若冬季,那时天已完全黑了。弟弟妹妹都因天黑而害怕,我便冒着

寒冷到小胡同口去迎母亲。一眼望过去很远很远,不见车辆,不见行人。终于有一个人影出现,矮小,然而"肥胖",那是身穿了工地上发的过膝的很厚的棉坎肩所致,像个矮小却穿了笨重铠甲的古代兵卒。我断定那便是母亲。于是我跑着迎上去,叫:"妈!妈……"

如今回想起来,那远远望见的母亲的古怪身影,当时对我即是温馨。

我小学五年级时,母亲仍上着班,但那时我已学会了做饭。从前的年代,百姓家的一顿饭极为简单,晚饭通常只是粥,用高粱米或苞谷渣子煮粥,很费心费时的。怎么也得两个小时才能煮软。我每坐在炉前,借炉口映出的一小片火光,一边提防着粥别煮煳了,一边看小人书。即使厨房很黑了也不开灯,为的是省几度电钱……

如今回想起来,当时炉口映出的一小片火光,对我即是温馨。

下乡了,每次探家,总是在深夜敲门。灯下,母亲的白发是一年比一年多了。从怀里掏出积攒了三十几个月的钱,无言地塞在母亲瘦小而粗糙的手里,或二百,或三百。母亲将头一扭,眼泪就下来了……

如今想来,当时对于我,温馨在母亲的泪花里。

二

参加工作了,将老父亲从哈尔滨接到北京。一间筒子楼宿舍,里里外外被老父亲收拾得一尘不染。傍晚,我在家里写作,老父亲将儿子从托儿所接回来。经常地,听父亲用浓重的山东口音教儿子数楼阶:"一、二、三……"所有在走廊里做饭的邻居听了都笑,我在屋里也不由得停笔一笑。那是老父亲在替我对儿子进行学前智力开发,全部成果是使儿子能从一数到了十。

有天下午,我从办公室回家取一本书,见我的父亲和我的儿子相依相偎睡在床上,我儿子的一只小手紧紧揪住我父亲的胡子——他怕自己睡着了,爷爷离开他不知到哪儿去了……那情形给我留下极为温馨的印象。

后来父亲患了癌症,而我又不得不为厂里修改一部剧本,我将一张小小的桌子从阳台搬到了父亲床边,目光稍一转移,就能看到父亲仰躺着的苍白的脸。而父亲微微一睁眼,就能看到我。父亲已知自己将不久于世,然而只要我在身旁,他脸上必呈现着淡对生死的镇定和对儿子的信赖。一天下午一点多,我突觉心慌极了,放下笔说:"爸,我得陪您躺一会儿。"尽管旁边备有我躺的钢丝床,我却紧挨着父亲躺了下去。并且,本能地握住了父亲的一只手。五六分钟后,我几乎睡着了,而父亲悄然而逝……

真的感谢上苍啊,当年那五六分钟,使我们父子的诀别成了我内心里刻骨铭心的温馨……

三

后来我将母亲也接到了北京,而母亲也病着了。邻居告诉我,每天我去上班,母亲必站在阳台上,脸贴着玻璃望我,直到无法望见为止。我不信,有天在外边抬头一看,老母亲果然在那样地望我。母亲弥留之际,我企图嘴对着嘴,将她喉间的痰吸出来。母亲忽然苏醒了,以为她的儿子在吻别她。母亲的双手,一下子紧紧搂住了我的头,搂得那么紧那么紧。于是我将脸乖乖地偎向母亲的脸,闭上眼睛,任泪水默默地流。

如今想来,当时我的心悲伤得都快要碎了。所以没碎,是有温馨粘住了啊!

　　梁晓声的深情讲述,隐含着普通人的崇高,也昭示着平凡人的伟大。家庭往事中那点点滴滴的温馨正是中华民族生生不息的生命源泉。

二、穿越时空的心灵印记

有些事,总是难忘;有些事,不能过去;有些事,时时念想;有些事,犹如昨天。时空的黑障并不能挡住如潮的记忆。善良、正义;亲情、友情;情趣、意趣……遥远的精神回响,不灭的心灵印记,都化为从过去通往未来的时间永恒。

 语

我头上睡着一个日本人，我不能睡在日本人的下面。

不能过去的往事 ················· 潘 军

有一年夏天，我从北京参加一个会议回来，乘的是软卧。那趟车于傍晚时分由北京站开出，将于翌日中午抵达合肥。时值酷暑季节，软卧车厢配有空调，让人感觉还是很舒服的。我是下铺，对面是一个老人。他的衣着很简朴，模样像个老农。我便有些奇怪，那年月坐软卧是要凭什么特殊证明的。心想这老人大概有什么人在北京，否则进不了这种车厢的。在老人的上铺是一个戴眼镜的、长相斯文的青年。这个青年人一上车就躺在床上看书，好像还是本英文书。那个老人呢，原先也是躺下的，却一直沉默着。这样过了半个小时之后，我便觉得有些寂寞了，想主动和那个青年说起话来。我就问他，到哪里？他说：合肥。我感觉他不是合肥人，就又问是出差还是旅游。他说：上学。他说他是从日本来的，到中国科技大学当访问学者。而且，他笑容可掬地表示自己的汉语水平有限，汉语说得不好，问我能否与他用英语交谈。我说：那就更不行了。我的那点英语早就还给老师了。青年听了我这句话表情有些尴尬。我这点幽默他显然没有听懂。但在这时，对面那个老者似乎是下意识地插了句：你们最好谁都别说。听口音他是安徽人。说完，这老人就沉着脸去了车厢外，以后就一直坐在狭窄的过道上。这让我有些不悦。列车是公共场所，旅行中的交流应该是很正常的事，想这老头也真是太古怪了。不过，即使老人不说什么，我们这个包厢也照样是沉闷的。日本青年后来还是看书，那位老人也还是坐在外面。我虽然进进出出，却因为无人交谈而十分无聊。不久列车停靠在天津，老人下车站了一会儿，顺便从月台上买点当地的特产。夜渐深了，我感到有些疲乏，就随便找了张报纸躺下看，没多久也就睡去了。等我醒来，列车已经抵达了济南。我走出来，看见老人又在月台上买特产。过了一会儿，老人回到车厢，把那些特产集中到一只折叠的旅行袋里，又坐回过道上。他的床铺还是整齐的样子，说明他一夜未睡。我无话找话地问道：几点了？老人便亮出藏在衬衫下的一块"劳力士"手表，说：刚过下一点。我着实有些吃惊，无法对老人的身份做出判断，但我的好奇心更加强烈了。我想我应该趁着他情绪好的时候同他聊上几句，就问：您是从北京探亲回来？老人说：我路过北京。回安徽舒城老家探亲。我是从那边来的。

我这才明白，他是位"台胞"。或许从前是国民党老兵吧？我没敢问，只说：有很多年没回来了吧？老人说：几十年了。列车在这一刻开动了，灯光忽明忽暗地照在老人的脸上，但我还是能看到他的表情显得很复杂。他沉默了，我也不便再多问什么。列车在漆黑的原野上奔驰着，发出的声音却异常空洞而悠远。老人打了一个哈欠，我便说：您去睡吧，到合肥还有十个小时呢。老人摇摇头，用很低沉的声音说：我头上睡着一个日本人，我不能睡在日本人的下面。我心里剧烈地一颤：原来是这样！

这件事已经过去很多年了，却完整地保存在我的记忆里，一点颜色

也没有褪去。很多次,它都从记忆的深处泛起。

阅读提示

叙述这件事,从起始到结局,看似不经意地娓娓道来,实则处处埋下伏笔,寓寄因果。结尾恍然大悟之余又令人深长思之、回味无穷。

导 语

是他们,用自己的生命换来了我的平安……

一只让人流泪的水缸 · · · · · · · · · · 包利民

朋友乔迁之喜,我们前去祝贺,在她一百多平方米的房子里,摆放着许多新潮的家居用品。忽然我发现在卧室里有一样东西极不适宜地立在那儿,那是一只一米多高的水缸,很旧的颜色,缸口处还有许多裂痕。就因为这只缸,整个房间的布局和格调全被破坏掉了。

我们围着那只缸看,很普通的那种,绝没有什么收藏价值,真想不通她为什么把它放在这里。这时朋友走过来,说:"我搬了几次家,许多东西都送人或扔掉了,只有这只缸我一直带着!"我们静静地看着她,知道关于这只缸一定有着令人难忘的故事。她沉默了一下,便开始给我们讲起来。

那是二十年前的事了。这座林区城市还很闭塞,楼房少,都是大片大片的平房。每家的院墙都是用木板搭成的,院子里的小棚子什么的也都是木制,林区里就是不缺木头。那时她家住在一片平房区的中间位置,父母都是普通工人,家里只有她这么一个孩子,那一年她只有六岁。

那是一个周日的午后,正是炎热的夏天,几乎每家每户都在午睡。忽然就起火了,由于木头多,火势蔓延快得吓人。她从睡梦中被父母推醒时,外面已是一片红彤彤的火海。这种居住区房屋很密集,狭窄的巷弄消防车根本无法开进来,所以,火越烧越大。父亲抱起她冲出院门,烈焰飞腾浓烟滚滚,已经没有路可以冲出去。周围都是绝望的哭喊声,她看到这个情景,吓得都不会哭了。

父亲观望了一下,把她递到母亲怀里,然后冲向院子里的那只水缸。他用水桶拎出一桶水来,从她们母女二人头上浇下去,她被父亲这突如其来的举动吓得叫起来。父亲又把一桶水浇在自己身上,然后把缸推倒,水都淌了出来。父亲抱过她,将她塞进缸里,说:"怎么难受都不要出来!"她蜷缩在缸里,忽然觉得缸滚动起来,她随着缸的滚动翻转着,一时有些晕眩,赶紧闭上眼睛,用脚死死地抵住缸壁。

过了一会儿,她觉得越来越热,缸壁也慢慢变得烫起来,她身上的水都变成了白白的蒸汽。她睁开眼从缸口望出去,所见之处都是大火。她吓得又闭上眼睛,觉得缸滚动得越来越慢,她快坚持不住了,大声喊着爸爸妈妈,却听不到回答。不知过了多久,她被人从缸里拽出来,空气清凉了许多,她清醒过来,哭喊着爸爸妈妈。她忽然看到了令她终生

难忘的一幕,那只缸仍在那里,大火仍在不远处燃烧着,而她的爸爸妈妈,仍躬身站在缸后,四只手放在缸上,保持着推缸的姿势!他们已经死了,全身烧得黑乎乎的,可她还是一眼认出了他们。面对这一幕,在场的人无不落下泪来!

说到这里,朋友的眼泪淌下来,她用手轻轻抚摸着那只缸,说:"我可以想象出,爸爸妈妈怎样忍受着大火烧身的剧痛,一路把缸推了出来,是他们,用自己的生命换来了我的平安……"她已泣不成声。

我们的眼泪也都落了下来,看着这只缸,我仿佛看到了火海中那惊心动魄的一幕。这就是世界上最伟大的亲情啊,在最危急的时刻,把生的希望留给我们,甚至不惜付出自己生命的,只有父亲母亲!

阅读提示

天下父母,人间大爱!

> 沉默中必上演着梅娘几十年的坎坷与苦难,必上演着中国几十年的坎坷与苦难。

孙姨和梅娘 ·············· 史铁生

柳青的母亲,我叫她孙姨,曾经和现在都这样叫。这期间,有一天我忽然知道了,她是三四十年代一位很有名的作家——梅娘。

最早听说她,是在 1972 年底。那时我住在医院,已是寸步难行;每天唯两个盼望,一是死,一是我的同学们来看我。同学们都还在陕北插队,快过年了,纷纷回到北京,每天都有人来看我。有一天,他们跟我说起了孙姨。

"谁是孙姨?"

"瑞虎家的亲戚,一个老太太。1957 年的右派。"

"瑞虎说,她要是愁了,就一个人在屋里唱歌。"

"等你出了院,可得去见见她。"

"保证你没见过那么乐观的人。那老太太比你可难多了。"

我听得出来,他们是说"那老太太比你可坚强多了"。我知道,同学们在想尽办法鼓励我、刺激我,希望我无论如何还是要活下去。但这一回他们没有夸张,孙姨的艰难已经到了无法夸张的地步。

那时我们都还不知道她是梅娘,或者不如说,我们都还不知道梅娘是谁;我们这般年纪的人,那时对梅娘和梅娘的作品一无所知。

两年后我见到孙姨的时候,历史尚未苏醒。

　　某个星期天,我摇着轮椅去瑞虎家——东四六条流水巷,一条狭窄而曲折的小巷,巷子中间一座残损陈旧的三合院。我的轮椅进不去,我把瑞虎叫出来。春天,不冷了,近午时分阳光尤其明媚,我和瑞虎就在他家门前的太阳地里聊天。那时的北京处处都很安静,巷子里几乎没人,唯鸽哨声时远时近,或者还有一两声单调且不知疲倦的叫卖。这时,沿街墙,在墙阴与阳光的交界处,走来一个老太太,尚未走近时她已经朝我们笑了。瑞虎说这就是孙姨。瑞虎再要介绍我时,孙姨说:"甭了,甭介绍了,我早都猜出来了。"她嗓音敞亮,步履轻捷,说她是老太太实在是因为没有更恰当的称呼吧;转眼间她已经站在我身后抚着我的肩膀了。那时她五十多接近六十岁,头发黑而且茂密,只是脸上的皱纹又多又深,刀刻的一样。她问我的病,问我平时除了写写还干点什么。她知道我正在学着写小说,就对我说:"写作这东西最是不能急的,有时候要等待。"

　　她跟我们说笑了一会儿,拍拍我的肩说"下午还有事,我得做饭去了",说罢几步跳上台阶走进院中。瑞虎说,她刚在街道上干完活回来,下午还得去一户人家帮忙呢。"帮什么忙?""其实就是当保姆。""当保姆?孙姨?"瑞虎说就这还得瞒着呢,要不人家知道了她的历史,谁还敢雇她?

　　她的什么历史?瑞虎没说,我也不问。那个年代的人都懂得,话说到这儿最好止步;历史,这两个字,可能包含着任何你想的到和想不到的危险,可能给你带来任何想的到和想不到的灾难。

　　其实孙姨与瑞虎家并不是亲戚,孙姨和瑞虎的母亲是自幼的好友。孙姨住在瑞虎家隔壁,几十年中两家人过得就像一家。曾经瑞虎家生活困难,孙姨经常给他们援助,后来孙姨成了右派,瑞虎的父母就照顾着孙姨的孩子。这两家人的情谊远胜过亲戚。

我见到孙姨的时候她的儿子刚刚去世。孙姨有三个孩子,一儿两女。小女儿早在她劳改期间就已去世。儿子和小女儿得的是一样的病,病的名称我曾经知道,现在忘了,总之在当时是一种不治之症。残酷的是,这种病总是在人二十岁上下发作。她的一儿一女都是活蹦乱跳地长到二十岁左右,忽然病倒,虽四处寻医问药,但终告不治。这样母亲可怎么当啊!这样孤单的母亲可是怎么熬过来的呀!这样的在外面受着歧视、回到家里又眼睁睁地看着一对儿女先后离去的母亲,她是靠着什么活下来的呢?靠她独自的歌声?靠那独自的歌声中怎样的信念啊!

她的大女儿叫柳青。毫不夸张地说,她是我写作的领路人。她把我领上了这条路,经由这条路,我的生命才在险些枯萎之际豁然地有了一个方向。

1973年夏天我出了医院,坐进了终身制的轮椅,前途根本不能想,能想的只是这终身制终于会怎样结束。这时候柳青来了。她跟我聊了一会儿,然后问我:"你为什么不写点儿什么呢?我看你是有能力写点儿什么的。"那时她在长影当导演,于是我就迷上了电影,开始写电影剧本。目标只有一个——有一天我的名字能够出现在银幕上。我差不多是写一遍寄给柳青看一遍,直到有一天她告诉我:"这一稿真的不错,我给叶楠看了他也说还不错。"我记得这使我第一次有了自信。

大约就是这时,我知道了孙姨是谁,梅娘是谁。梅娘是一位著名老作家,并且同时就是那个给人当保姆的孙姨。

又过了几年,梅娘的书重新出版了,她送给我一本,并且说"现在可是得让你给我指点指点了",说得我心惊胆战。不过她是诚心诚意这样说的。她这样说时,我第一次听见她叹气,叹气之后是短暂的沉默。那沉默中必上演着梅娘几十年的坎坷与苦难,必上演着中国几十年的坎

坎坷与苦难。往事如烟,年轻的梅娘已是耄耋之年了,这中间,她本来可以有多少作品问世呀。

现在,柳青定居在加拿大。柳青在那儿给孙姨预备好了房子,预备好了一切,孙姨去过几次,但还是回来。

她现在一个人住在北京。我离她远,又行动不便,不能去看她,不知道她每天都做些什么。有两回,她打电话给我,说见到一本日文刊物上有评论我的小说的文章,"要不要我给你翻译出来?"再过几天,她就寄来了译文,手写的,一笔一画,字体工整,文笔老到。

瑞虎和他的母亲也在国外。瑞虎的姐姐时常去看看孙姨,帮助做点儿家务事。我问她:"孙姨还好吗?"她说:"老了,到底是老了呀,不过脑子还是那么清楚,精神头旺着呢!"

阅读提示

　　我们常说平凡中的伟大,那么,孙姨和梅娘作为同一个人就是由伟大走向平凡的。

导语

她说:我每天要看国旗在操场升起,听同学唱的国歌在操场响起。她说:每天不到学校走走,去传达室拿拿报纸,受不了。

夏郑安老师 ·············· 柳袁照

夏郑安老师去世已经一个多月了。

夏老师今年 91 岁。退休以后的 30 多年一直住在迎枫桥弄,迎枫桥弄在我们学校的东面,仅隔一堵围墙。我们学校的北面是孔副司巷,南面是带城桥下塘。我不是在校园见到她,就是在这三条小巷中见到她。现在,她人不在了,走在学校周边的小巷中,心里总感到缺少些什么。

20 世纪 70 年代初,我在苏州十中读书,那时夏老师就在学校教书。她没有教过我,2002 年我回到母校任校长,离退休老教师座谈会上,我第一次见到她,发言充满着热情。她祖籍湖北,年轻时就读金陵女子大学,曾留校担任吴贻芳校长的助理秘书。苏州是她中年以后工作和生活的城市,苏州没有一个兄弟姐妹。1958 年当了右派。有人说她是陈寅恪的学生。她的身世,像一个苦涩的谜语。

她是孤老,我去她家看望她。她居住的公寓是学校的房子,是那种 70 年代初的老式公寓,没有卫生间,也没有单独的厨房。居室朝南,十个平方米左右,对面朝北的一间充作厨房与餐室,中间是过道。坐下不久,她告诉我,二楼另一头,还住着一位老教师,女儿在外地,请我过去

看看她。要求我把带给她的礼品带过去。夏郑安老师领我到门口,对我挥挥手,示意我进去,自己转身却回去了。这个细节过去七年,我却一直记得。

学校外地青年教师多,在他们成家之前,都居住在这幢楼的这层楼面。年轻老师都叫她夏奶奶,夏奶奶就居住在他们中间。夏老师虽然只有一个人,但她并不孤独。她把居住在周边的年轻教师看作是自己的孩子。她有着强烈的责任意识。学校推广双语教育,住在她楼上的一位体育教师,想尝试用英语作为教学语言上课,夏奶奶得悉后,异常焦虑,担心他口音不准。每天放学后,总要拖着他,一个词、一个词地帮他练习。

三年前,全社会提倡"八荣八耻"。夏老师对英文翻译不放心。找到她最小的外交官弟弟,通过弟弟,让外交部拿出了一个"八荣八耻"的权威翻译。然后,她送到学校,请我们在教室张贴。她还请她的海内外的亲戚、学生,购买中英文的世界和中国地图,说权威的才可靠。

徐思源老师是她的学生。20世纪70年代初,教师队伍青黄不接。夏老师一句话:你留下吧。从此徐思源再也没有离开十中。徐老师现在已经功成名就了,为江苏省教授级中学高级教师、语文特级教师。两年前,学校为她举行学术研讨会,邀请了省内外的专家学者。夏郑安老师把这天看成是盛大的节日。89岁的老人,在振华堂坐了整整一个下午。会上的一席话让人动容。她说:"徐思源是我的学生,假若有来世,我会选择她做我的老师。"

过年过节,她的学生都会去看望她,这是她最高兴的日子。她把她的学生看成是自己的孩子。佘振苏是她的学生,是长江学者,半年在美国,半年在北大,北京奥运会他是火炬手。早晨一个电话,晚上一个电话,打给北京的侄儿、侄女,要找报刊上刊登的拿着火炬的佘振苏的照片。病重期间,我曾带着一本杂志,杂志上刊登着三年前学校百年校庆夏老师与佘振苏的合影,放在她的床头。

夏老师去世的时候,我正在山东教育考察。徐思源老师发来短信,说:夏老师走了,同时还告诉我,贝时璋也走了。贝老是我校创办时期的校董,今年 107 岁,是我国生物物理学的奠基人,也是中科院最资深的院士。我们为贝老送了花圈。对我们来说,那是黑色的一周,寒风连霜,夏老师与贝老的逝世,令我们加倍哀痛。

学校为夏老师举行告别仪式的那一天,恰逢全国高中教育专业委员会在昆山召开"安博教育论坛"。主办方要我主持一个分论坛,隔夜工作人员一再提醒我。我回复了信息,我说:分论坛建议由苏州一中校长主持。明天上午我要参加学校一个老教师的追悼会。她终身未嫁。临终前,还念叨着学校,念叨着校长。我要见她最后一面。

夏老师去世以后,我才知道她更多的不凡身世。她是陈中凡的得意弟子。夏老师曾在金陵女大做讲师,就是陈先生介绍的。说夏老师是陈寅恪的学生是误传。陈中凡是鸿学大儒,著有《中国文学批评史》等著作。

翻开历史,1951 年夏郑安填写的一份履历表上,在自我鉴定栏中,她写道:"性情急躁,粗枝大叶。优点,真诚直爽,信任组织。"多么纯粹的人,说得何其好。在以后的漫长岁月中,她这种秉性丝毫未变。她在"关于夏郑安同志右派问题的改正结论"上,还是这样写道:"感谢组织。"从信任组织,到感谢组织,饱经风霜之后,仍是一颗赤子之心。

没有风的夜,是静止的夜。夏老师走了,我总感到我们欠了她太多。几年前,学校就想把她迁居到条件好一点的公寓去,她的外甥女也希望把她带到自己的身边,夏老师都一一谢绝。理由很简单,她说:我每天要看国旗在操场升起,听同学唱的国歌在操场响起。她说:每天不

到学校走走,去传达室拿拿报纸,受不了。

每年春节,我都会在初一去看望她。今年她得病住院,她对我说的最后一句话是在病床上,她靠着床,仰着身子。她说:"我从反对你,到支持你,对学生宽松,对老师要紧。"爽朗而坚定,那慈爱和严肃的神情把我们都逗乐了。夏老师要把她所有积蓄的 19 万多人民币,用来建立助学金,帮助那些贫困学生。她要我们不问成绩,是贫困生就帮助。在病房,她与我说妥了此事。那一刻,医生告诉我,她离生命的终点不会超过一个月。

那天早晨,灰蒙蒙的天,天地似乎静止了。我与她的外甥女、侄儿,推着她的棺床,缓缓地走向那个"终点"。夏老师身上铺满鲜花,平静、安详,终于站定在那个生死两茫茫的"门口"了。她的两个至亲的外甥女,流着泪,伏下身子,对她说:大姨,您是这样的优雅,一辈子这样优雅。大姨,即使在您病得那样重的时候,还是这样优雅。大姨,我们还要听您讲故事。大姨,您先去,以后我们也会来的,还是要听您讲故事。下辈子,您还做我们的大姨。

这个场面,让我心中流泪。我大步转身,没有告别,大步向前走去,走了很久很久,我都没有转身。

阅读提示

　　一个普通中学教师的不凡人生,夏老师以自己的生命品格照亮了一代又一代莘莘学子的成长之路。作者的创作冲动正源于主人公生命里隐藏着的美丽且给他的情感浸染及人生指引。

导 语

"女人,要对自己负责",无论在身体上、情感上、经济上,还是精神上。

外婆、妈妈和我 ⋯⋯⋯⋯ 杨 澜

我们对"解放"这个词有点隔膜了,但这并不意味着我们已得到完全的自由。其实,自由也是相对的,它在眼前停了一会儿,又跃身向前去了。所以,"解放"也只好一路紧追。

"解放"对于我的外婆来说,很简单,就是不再裹脚。她出身于浙江绍兴一个没落的书香门第,钱是不多的,但读书人有的规矩一样也不少。其中当然就包括给女孩子裹脚。下手的是她的母亲,一个温柔贤惠但不识字的小脚女人。孩子自然是要哭的,夜以继日地哭。那稚嫩的脚骨在无情的裹脚布里扭曲变形,如何能不哭呢? 为了惩戒孩子"不懂事"的在夜里悄悄剪开裹脚布的行为,做娘的只有狠了心把布缝到皮肉里去! 娘也哭了,一边缝一边说:"谁叫你是姑娘呢! 大脚的女人嫁不出去的! 忍着吧,娘也是这样过来的。"这已是辛亥革命之后了。外婆的父亲见闻广些,听说大城市里男人剪辫子,女人也开始放脚了;或许更是因为实在不忍心听见心爱的女儿如此惨烈地号啕,他对妻子说:

"算了吧,世道在变呢,等她长大了,兴许大脚的也能找到婆家了。"

就这样,外婆裹到一半的脚被解放了,尽管当娘的还满心怀疑:"女人长那么大一双脚,多丑啊!"其实外婆的脚并不大,鞋码只有五号,后半生常在儿童鞋店买鞋。但就是这一双五号的脚足以让她登上去黄浦江的渡船,来到上海滩。在那里,她从缝制手帕开始,后来与丈夫一起开办了一家小小的夫妻店,生了8个孩子,活下来5个。她最有成就感的时刻是每年农历新年时,烫了头发,略施粉黛,给一家大小穿上自己亲手做的新棉袄,然后一起坐着黄包车到西式照相馆去拍一张全家福。那份富足和安乐让她容光焕发。

"解放"对于我的母亲来说,是有机会读书。她是长女,从小功课就好,学校里的老师没有不喜欢她的。等她上完初中的时候,家境不佳,外婆有意让她去念个职业学校,早些毕业养家。但她的班主任不放弃,一次次上门找家长谈心,说:"女孩子读书,读得这么好不容易,要让她上大学,女子也可以有出息的。"外公外婆踌躇了很久。终于有一天,他们翻出了压箱底的一点黄金拿去卖了。几年后,妈妈成了家里的第一个大学生,是从上海保送到北京的。再后来,她嫁给了我父亲,一个同样从上海到北京读书的年轻人。结婚前,他送给她一件粉红色的的确良衬衫,这便成了她的结婚礼服。结婚照上她腼腆地笑着,憨厚地,纯净地。

我呢,带给我"解放"的是什么?

当然,首先想到的,是不再像母亲那辈人一样受穷了。当年让她欣喜的几斤不要粮票的豆腐,排了几月的队才能买上的自行车、缝纫机,请木匠到家里来打制的土沙发,还有仿木纹的塑料地板革……今天的我虽然回味起来饶有兴趣,但在自己的家居生活中已经看不上了。

还有,就是不再有那么大的恐惧。因为外婆那只有一名雇工的店铺,母亲落下了"小资产阶级"的家庭出身。在那个时代不能入党对母亲一定是一种打击;"文革"中,红卫兵半夜来砸门查户口,强令正在陪她坐月子的外婆"回原籍接受批判改造",让她至今心有余悸。恐慌中,她烧掉所有的日记,并把外婆在她结婚时送的一枚戒指扔到了厕所里。我记得自己上小学的时候,有一次问妈妈:"老师说每个人都会犯错误,那毛主席的错误是什么呀?"她惊恐地一把捂住我的嘴,赶紧去查看走廊里有没有人经过,然后回转身来用最严厉的口吻训斥我说:"这样的话永远永远不许再说了!"

再有,我们可以选择自己的职业道路了。我们这一代人大学毕业时,国家第一次不包分配了。我们不用诚惶诚恐地等待指令,也不必在一个单位里终老此生。没有中央电视台不拘一格地选拔主持人,没有出国留学的机会,没有资讯和媒体的进一步开放,没有独立创业的条件,今天的我,生活一定没有这样充满刺激、挑战和创造的乐趣。这是时代带给我们的解放,但同时也带给我们新的问题。我们为什么会有焦虑、不安、困惑、迷茫? 事业的成功一定会带给我们幸福和快乐吗? 女性在显著地推迟了婚姻和生育年龄之后,如何看待自己在家庭中的责任? 当我们把昂贵的化妆品涂抹在脸上时,我们花了多少时间关注身心的健康? 为什么一方面中国女性就业率名列世界前茅,同时还有近一半的女人认为"干得好不如嫁得好"? 我们该如何获得婚姻的安全感,我们是掌握男人的胃口、钱袋还是他们的心? 我们该怎样养育我们的孩子,告诉他(她)男孩子"不许哭"、女孩子"真漂亮"? 又该怎样向他们解释妈妈又要出差了?

我所主持的节目《天下女人》希望成为这样一间会客厅,听大家来说说这些事,是女人的事,又不只是女人的事。有人说,成功的大小取决于一个人应付复杂环境的能力,我觉得这话用在所有女人身上都合

适，因为我们天生需要应付比男人更复杂的环境，我们的平衡技巧在这个充满诱惑和压力的时代尤显可贵。如何做，那就是各显神通了。一起来聊一聊可以相互有所启发。

如果只用一句话来描述《天下女人》的节目内涵，那就是"女人，要对自己负责"，无论在身体上、情感上、经济上，还是精神上。我们的幸与不幸都不能盲目地归属于其他人，无论是父母、丈夫还是孩子。我们自己首先应当是独立的、有尊严的个体，这让我们有爱的能力。

记得大学毕业时，父母亲把我叫到跟前，对我说："咱们家没有什么门路可以走。你已经完成了应受的教育，往后的路，自己去闯吧。记住，女孩子要学点真本事。"我当时的心情紧张而无助。终于无可避免地长大了，我不知自己将要面对什么，今天回头一想，那正是父母给我的最好礼物。我的"解放"从那一刻开始。

阅读提示

该文也算是一篇比较长的散文了。文章涉及的人有好几个，时间跨度也比较大。但作者用一个词"解放"来串联延伸。"解放"也可以说是该文的一个切入点或视角，有了这样的"点"或"视角"，文章写得再长，也不会走题了。

导 语

　　这样的漂流,在我看来,不只是漂流书,也是漂流一个梦,漂流一种信念。

漂流书,漂流梦·············简　单

　　那天,我将我写的一本书悄悄地放在了人民公园的一张长凳上,我在书的封面上贴了个标签,上面写道:"这是一本漂流书,如果你看完了,请你再把它放在公共场所,让下一个人阅读。阅读是一种快乐,也希望你将这样的快乐带给他人。"我悄悄地走了,那一刻,我心里涌过莫大的欢喜。

　　漂流书,源于 20 世纪 60 年代的欧洲,人们将自己拥有的书籍贴上特定的标签后,投放在公园、地铁、咖啡馆、车站等公共场所,无偿提供给拾取的人阅读;拾取的人阅读后,再以同样的方式将图书放漂到公共环境中去,如此不断地进行传阅。这样的漂流,在我看来,不只是漂流书,也是漂流一个梦,漂流一种信念。

　　我是在报上得知这个消息的,从今年 1 月 10 日起,有 2000 多本图书开始在上海、北京、广州等 10 个城市漂流,但却遭遇了意想不到的尴尬,放在站台长椅上的书始终无人问津。究其原因,有人怕被别人嘲笑爱贪小便宜,有人认为不会有什么"免费午餐",有人则自己阅读后不会继续放漂。种种心态,令人悲哀。

　　其实,30 多年前,我就得到过一本漂流书。那是一本手抄的《第二次握手》,我是在我们家居住的那幢房子的楼道里偶然发现的。这本书

抄在一本黑色硬面抄里,钢笔字工工整整,上面没有任何署名,不知是谁写的,也不知是谁抄的。我先前已经听到过有这么一个手抄本,因为是被追查的"地下书",所以,一直没有看到。现在,突然间冒了出来,有点不相信,甚至有点害怕呢。就着三支光的荧光灯,我用一个通宵看完了书。我至今记得最后一页上有前面看过的读者的一些留言,说这本书的作者已经被关进监狱了,说这是一本追求光明的书,说看过的人要继续传递下去,因为这是在传递火炬。我被这本书所打动,也被这些留言所打动,看到后来,心里真像燃起了光明的火焰。天刚蒙蒙亮的时候,我悄悄地开门出去,把书放回到了楼道里,我心里默念着,希望早点有人将书取走。果然,我再次出门时,已不见了书的踪影,而后,楼里有越来越多的人家说起了这本书……

现在想来,这是黑暗岁月里怎样一幅让人温暖的图景!人们通过书传递的是信念,是理想,是信任。既然有过这样的日子,我不相信这一切会彻底泯灭。所以,当漂流书遇到尴尬,被认为注定会断漂时,我却怀着一份坚定的信念,悄悄地让我的书加入到漂流的行列。我不知道我的书将漂向哪里,但我相信它总在漂流的路上,相信它会漂到越来越多的人的手中,我希望每个拾取的人都能在那一刻感受到信任和被信任的温度。其实,我真是在放漂一个梦,在梦里,坚冰消融,人与人彼此真诚相拥,并且享受着阅读的幸福。这是一个美好的梦,最终也一定会变成美好的现实。

如果有可能,读到这本漂流书的人可以在最后一页做个记录,也可以按着我留着的电子信箱写封信来。

阅读提示

　　当一本书踏上漂流的旅程，它就变成了一个信使，寄托着放漂者纯真的感动和美好的希望。30多年前，一本手抄本的《第二次握手》让作者在那个幽暗的年代体会到了漂流书所带来的人性的温暖和光明的力量。因而，尽管漂流书在今天可能遭遇断漂的尴尬，作者仍悄悄地将自己写的一本书放在人民公园的长凳上，相信它在漂流的路上不会孤单，越来越多的人会去拾取和阅读它，加入到传递信念、理想和信任的行列中来。

导　语

　　因为我也具备良好的素质，我不能用闪光灯打搅在场的观众，更不忍心用闪光灯惊动这个孩子。

金色大厅里的小男孩 ·············石　熔

　　2004年夏天的一个晚上，我在维也纳的金色大厅聆听中国钢琴家孔祥东演奏会。当贝多芬的C小调奏鸣《悲怆》从孔先生十指间流出时，我习惯性地看了一下舞台上方的管风琴。这时，我发现在巨大的管

风琴右侧有一个外国小男孩半蹲半跪,透过栏杆之间的空隙在向下张望。因为处在最佳角度,小男孩可以清楚地看到孔先生强有力的十指在黑白琴键上跳动和起伏,还可以欣赏到最佳的音乐共鸣。当第一乐章快要结束时,小男孩可能感到原来的姿势不太舒服,便开始轻轻地坐下,双手抱着膝盖认真地欣赏起音乐来。整首曲目大约有20来分钟,小男孩始终一动不动地保持着这个坐姿。直到曲终,掌声响起前的一瞬间,小男孩弯着小腰迈着猫步蹑手蹑脚地离开了前台。借着大厅亮起的灯光,我看见在前台出口处一位佩戴标志的女工作人员,微笑地拍了拍小男孩的头以表示赞许,然后,小男孩高兴地跑向等在一旁的妈妈,并扑在妈妈的怀里开始撒起娇来。我估摸这个孩子在4岁左右。

不知为什么这件事情对我有那么大的触动,以至于在很长一段时间,我总是忘不掉那个瘦瘦的、身穿浅蓝色衬衫并掖在牛仔裤里的小家伙。每当和朋友谈论起有关音乐或教养的话题时,我会不知不觉地感叹一番:一个这么幼小的孩子会对古典音乐充满了兴趣,因此,他会安静地端坐那里聚精会神地欣赏。由于他具有一定的音乐常识,所以,在最后一个乐章结束之前恰到好处地离开前台。还有,他之所以轻手轻脚,举止像个小绅士,是因为他具备良好的教养,懂得在这个场合如何不易被人发觉而不影响别人。当我问及一起观看演出的朋友时,他们一致表示当时没有发现这个小男孩。与此同时,我对那位用音乐滋养了孩子的母亲也有感触。其实触动了我的还有那位中年女工作人员,作为一个女人,她破例地满足了一个孩子的童心,作为金色大厅的工作人员,她具备了"信任每一个观众"的美德。

曾经有人问过我:"你当时为什么没有给这个孩子拍张照片?"我回答说:"因为我也具备良好的素质,我不能用闪光灯打搅在场的观众,更不忍心用闪光灯惊动这个孩子。"

阅读提示

素养、教养、修养、涵养，它归根到底是一种文化和人格的反映。该文中实际上有三个人物主体：小男孩、女工作人员、作者，这三者的行为及细节串联起来的故事对人的素质定义给出了一个具象而真实的答案。

我们只看到了对方的快乐，而没有看到对方的不快乐。

想成为别人家的小孩 ·············孙卫卫

我上小学的时候对邮递员的职业非常崇拜：每天要送那么多报纸和杂志，想看哪个就看哪个，真好。接受他服务的每一个人都会感谢他，因为他给大家带去了福音，大家微笑着迎接他的到来，挥挥手和他告别。我想象着将来我也能成为邮递员，不能成为邮递员，成为他的孩子也挺好，每天可以看报纸和杂志，还可以骑专门为他配备的自行车，当然是偷偷地，要不有人会说损公肥私。

我还想着能成为我们村一个瓜农家的孩子，每天都可以吃上甜瓜

和西瓜,想吃哪个吃哪个。我小的时候非常喜欢吃甜瓜和西瓜,但是爸爸妈妈给的零花钱不足以我经常吃这些东西。我只好在他那里欠账。他的本子上记着我的一个账号。吃瓜是快乐和幸福的,想着怎么还钱却不幸福,也不快乐,那笔现在看来并没有多少钱的账好像让我一个夏天都在为它操心,成为我的心事。最后连哄带骗弟弟妹妹赞助了我一些钱,才把那笔账一笔勾销。

多少年过去了,种瓜的老人已经去世。我见到他的孩子,我说,你知道吗,我曾经想成为你们家的孩子。他笑了,说,你知道吗,我也曾经想成为你们家的孩子,可以有电视看,可以不用到瓜地里劳动,晚上不用住到瓜棚里。睡到瓜棚里老不踏实,要提防偷瓜的人,一般的人吓唬吓唬就走了,如果是一个很赖的人,是不是很难办呢?

那个邮递员叔叔也早已退休,我见到他的时候他已经不认识我了。他的孩子现在接替他的工作。我说你不知道多少年前有一个小孩特别羡慕你的工作,他说,如果时间能倒退,我是愿意和你交换的,你做我这份工作,我坐在教室听课,好好学习天天向上。而不像我的过去,把青春好时光给白白浪费掉,什么也干不了,只能当一名邮递员。

他的工作干得很出色,但是他说,如果让我重新选择,我肯定做别的事情去了。可以用赚到的钱,买书买杂志买报纸看呀。

当我们羡慕对方快乐,甚至设想成为对方以便能更好地分享那份快乐的时候,岂不知道对方也正在羡慕着我们。我们只看到了对方的快乐,而没有看到对方的不快乐。也就是说,每个人都会碰到快乐,也会遇到不快乐。

那么,还是让我们仔仔细细体会属于我们自己的快乐吧。连对方都羡慕我们的快乐,我们为什么不珍惜我们的快乐,而让它偷偷溜走,只剩下烦恼呢?

现在的我是最快乐的,你要经常对自己说。说这句话的时候,要微笑,而不能板着脸。板着脸,快乐也会悄悄逃跑。

阅读提示

孩子的心理似乎是幼稚的,但也是真实的。长大了,谁也不想回到孩童的幼稚,但谁都会向往那份孩童的天真。

爱国,你想到了什么·················遥　遥

　　中央电视台不久前开展了一次街头现场随机采访活动,提问的话题是:"爱国,你想到了什么?"电视镜头中大多数被访者一时语塞,不知所措,场景往往显得尴尬。

　　且不说随机采访的对象是什么文化程度的人,是受过什么教育的人,是学过什么专业的人,就算是大学教授,现场回答好这样的问题也非易事。

　　"爱国,你想到了什么?"这个看似简单的问题其实是个哲学命题,需要用两种哲学思维的架构回答。一是法国哲学家狄德罗的"递进式"哲学思维架构——爱国,你不但要知道你的国家应该是什么样的,而且你还要知道你的国家实际上是什么样的,你更要知道怎样才能让你的国家变得更好。你的国家应该是什么样的呢? 应该是自立于世界民族之林的泱泱大国;你的国家实际上是什么样的呢? 近代中国,甲午殇思,积贫积弱,落后挨打;怎样才能让你的国家变得更好呢? "两个一百年",共筑中国梦。"中国人民的不屈不挠的努力必将稳步地达到自己的目的。"第二种是用犹太哲学家希勒尔的"逆向究竟式"哲学思维架构回答——你不爱你的国家,谁能爱你的国家呢?你不爱你的国家,你又是谁呢?不是在现在,又在什么时候呢?这个逆向思维推论其实是设问自答,答案隐喻其中又不言而喻。它告诉我们,爱国就是顾炎武的"天下兴亡,匹夫有责";爱国就是陆放翁的"家祭无忘告乃翁";爱国就是鲁迅的"我以我血荐轩辕"……

"爱国,你想到了什么?"狄德罗、希勒尔不仅让你想得明白、说得明白,更要求你做得明白。对于每一个中国人,爱国就是从自己做起,从身边做起,从现在做起……

阅读提示

家是最小国,国是最大家。在世界的国,在天地的家。家国情怀是中华传统文化最核心的元素。

导 语

物质生活层面的需求量最少，精神生活层面的东西则拥有最多。

灵有所寄　魂有所托 ·················赵鑫珊

没有统一、划一的状况。据我所知，最近有这样一种新状况渐渐冒出来：一些大城市使用手提电脑的白领男士，上班时西装革履，工作时全身心、快节奏地投入，可谓风风火火，同国际接轨；而一到周末，就会穿起"长衫"，到新兴的私塾去读中国千年传统文化古书、圣贤之书。

什么是传统的私塾呢？

对于当今青年一代，它已经是古文物了，只是在电影、电视里见过。

我有幸目睹过江西南昌最后一所私塾。那是大约 1953 年，我读"洋学校"初中的时期。在南昌百花洲洪恩桥羊子巷的街面上便有一所私塾，我常经过那里。

只有一位老师，是位满口"子曰"或"人之初"的老夫子，眼镜架在鼻梁很下的部位，只差头上没有留根长辫子。仅一间幽暗的临街铺面当教室，学生只有 10 人左右。清一色的男生，没有女生。

学生要背诵课文，背朝先生，面向同窗。这情景，使我联想起清代咸丰或光绪末年的私塾氛围。

1996 年 5 月，我去过江西婺源一个古村落。那里有一栋明清时期的建筑，引起了我的注意，因为据老村长介绍，那是一所被废弃的私塾。我久久站在那里，仿佛听到启蒙时期莘莘学子的琅琅读书声……

当代人是否能读进、读懂古书，大前提之一是要用心眼（而不是用肉眼）去研读。或者说，务必要静下心来，用自己的灵魂和一颗童心去阅读。这种阅读应是纯粹的，非功利的；应是虔诚的，如同怀着朝圣一般的心境。

这便是孔夫子所说的"朝闻道，夕死可矣"的价值观。

过去，白领读书，总是希望从中能得到一些什么实际的效应。这种急功近利的目的和心态不可避免的结果是浮躁、浅薄，触及不到灵魂深处。

这回在私塾读古书，慢慢地咀嚼、体认，才恍然大悟：也许书中的每个方块汉字对赚钱或做生意并没有什么帮助，但许多智慧箴言和千古绝唱却能抚慰漂泊、散乱的灵魂，安顿日夜无着落的精神。这时，读古书的人会突然领悟到一条至高的人生哲理：人生除了豪宅、丰衣、美食和名牌轿车外，灵有所寄和魂有所托也许更为重要。

一些白领开始悟出人生的真谛或真正的幸福所在：物质生活层面的需求量最少，精神生活层面的东西则拥有最多。

休闲未必穿长衫，但是读一点古书，无疑会丰富自己的精神世界——这在温饱之后，比什么都重要。中产阶级的头等大事是拓展自己的精神世界。白领是不是幸福并不取决于在 138 平方米的住宅之外再增加 350 平方米的别墅，或者已经有了一辆别克再添一辆宝马。

周末，白领读古书，是让自己的心灵做一次按摩。

它同全身按摩、足底按摩同样的重要，也许更为重要。

阅读提示

白领读古书,其目的并不是划一的,有的是富足之后寻求灵魂的安放,也有的动机不那么纯粹。能够带着"寄灵托魂"的意图去"读古",当然是一种值得企求的境界;但若带着功利目的去"读古",其实也是无可厚非的。富足之后"读古",固然可起"心灵按摩"的作用;但"心灵按摩"实在并非"读古"一途。不能把"读古"强调到不适当的高度。我不能认同作者的观点,但依然钦佩他的睿思。有兴趣的同学,不妨做篇文章,来一个"反弹琵琶"。

常见有些穿越社会底层的文苑中人,在官场混迹久了之后,再也无法恢复文人原来的自我,让人望而生畏。

读 己

·········从维熙

我家住高高塔楼中的五层,在装修居室之风席卷全国城市之际,楼内敲击的丁当之声与电钻突突之声不绝于耳。这给以笔耕为生、追求安静写作的我,带来了无穷尽的烦恼。在无路逃遁的情况下,我开始梳理自己的心绪。我似乎发现了我精神上滋生的霉斑。记得,我于1979年刚"平反"的时候,家居只有八平方米的小屋。那是一个大杂院,墙与墙的间隔只有一层厚厚的纸板。邻居十分痴迷电视,从早到晚我的耳边如同有一个高音喇叭在鸣响。但是,那时我可将其视为乌有,每天笔尖在稿纸上飞舞。九十年代初期,我的家舍进行装修,民工进入我家时,我每天与他们同吃,还能在嘈杂的音响中进行笔耕;当他们完成我家的装修,要去别人家装修新巢时,我不仅与他们合影留念,事后还不忘给他们每人寄去了一张照片。

不过十年的光景,曾经在社会底层饱受"虫叮蚊咬"的我,在安逸的生活中,精神上发生了霉变,我关注底层的神经麻木了,渐渐成了城市休闲族中的一员——对于世俗来说,这也许是一种生活的升华;对我来说,这也许是一种精神的堕落。记得我刚刚返回京城,获得重新拿笔的权利时,我曾对自己的笔锋有过约束:关注底层,因为社会底层不仅蕴藏着社会的晴雨表,底层群落的生存形态的优劣,还标志着国家政治的浑浊与清明。

自照镜子之后,楼内装修的音响虽依然如故,但对我再不构成写作的威胁。常见有些穿越社会底层的文苑中人,在官场混迹久了之后,再也无法恢复文人原来的自我,让人望而生畏。

新春伊始,写此自读篇,以诫自己变脸、变形、变心……

阅读提示

最后一小节是作者反思反省的目的,也是全文的中心

思想。

一个士兵要不战死沙场，便是回到故乡。

沈从文的遗言 ·············· 曾　辉

1988年5月10日，沈从文因心脏病猝发，在家中病逝，走完了他86年的生命历程。沈从文逝世后，香港、台湾等多家媒体进行了报道。长期以来，他像一个被边缘化的人，不被人记起，他所受到的待遇远远低于他为中国文学界和学术界所做的贡献。但他早已洞彻世事，淡泊名利。沈从文临终前，家人问他有什么要说，他回答道："我对这个世界没有什么好说的。"

1992年，沈从文的骨灰在家人的护送下魂归故里凤凰，他的骨灰一半撒入沱江之中，一半安葬在听清山的五彩石下。墓旁的大青石上，刻着沈从文的一句名言："一个士兵要不战死沙场，便是回到故乡。"

墓碑上写着：照我思索，能理解我；照我思索，可认识人。石后是张允和的撰联：不折不从，星斗其文，亦慈亦让，赤子其人。每句后一字组成了："从文让人。"这便是他一生的写照。

阅读提示

沈从文,一代文学大师永不消逝的品德之光将永远照耀着后人前行的道路。

导 语

朱镕基是性情中人,他对国民关怀,对自家的亲人非常亲切。

卸任总理朱镕基的淡泊生活 ………………陈 宸

2003 年 9 月 9 日是朱经冶老人 90 大寿。他收到了嫡堂弟、国务院前总理朱镕基在共和国总理卸任前夕于百忙之中写给他 90 生辰的两幅贺联,一联为"诚信传家经风雨,廉洁从公冶新人"。另一联为"儿孙满堂万事足,夫妻偕老百年欢"。朱经冶说:"镕基平日鲜有为人题词者,故此两联手迹弥足珍贵,殊堪留传后世也。"

朱经冶原名叫朱镕墨,是朱镕基三伯父朱宽浚之子,比朱镕基大十多岁。曾任上海长宁区工商界政治学校教务长。朱经冶记得朱镕基刚到上海当市长时,他同朱镕基开玩笑:"小时候我没有欺负你吧?"朱镕

基听后哈哈大笑。朱经冶要朱镕基为自己写幅字,朱镕基当时一口答应,然而这个梦十多年后才圆。

2003年初,朱经冶的重症胰腺炎急性发作,住进医院。朱经冶的大女儿写信告诉朱镕基说父亲住院病情严重。朱镕基一直记挂着欠朱经冶的字幅,于是抽空写了两副联,并写上朱经冶的小名"葵哥"。

2003年8月,朱镕基听说朱经冶病情好转,想到朱经冶处看看他。考虑到他虽然退休,但仍享受国家主要领导人的待遇,更因在位时严谨治国,得罪了不少权要。所以,退位后,中央要求加强安保,退休后的朱镕基还是不能像平常人一般随意走动。8月下旬的一天,朱经冶和朱匡宇来到朱镕基居住的上海西郊宾馆。自朱镕基离开上海进京工作,朱经冶已有十多年没见过这位堂弟了。刚刚在北京过完75岁生日的朱镕基,看上去比实际年龄要年轻得多了,有说有笑非常精神。兄弟俩在一起非常亲热,不谈政治拉开了家常。不少退休后的中央领导都喜欢写些书,但朱镕基什么都没有写。朱匡宇带了一套"唐诗、宋词、元曲"送给朱镕基,朱镕基很喜欢。朱镕基说过,不看别人写他的传记,认为都是东拼西凑去卖钱的。不久前,朱经冶的亲弟弟写了一本与朱镕基有关的书,写成后要送一册给朱镕基。那时正是非典时期,朱镕基见都没见。弟弟生气了,拂袖回了长沙。

朱经冶问朱镕基,弟弟要给他看书,为什么不见。朱镕基还是回答说:"我不要看。"朱镕基讲,他们去发言讲话,"想显示我同他们的关系"。那天他们谈了两个多小时,大家有很多话说,朱镕基很风趣地表示:"你高兴,肚子不饿多留一会儿我不反对,但我不会留你们吃饭。"

朱镕基到上海当市长时,当着朱经冶夫妇的面,对他们时任上海纺织局党委副书记的儿子朱匡宇说:"匡宇,我在上海一天,你就不要想升官。"朱镕基果然说到做到,在上海的四年里,朱匡宇没动过职务,也没动过职位,从一个纺织机械厂的一般工人,靠自己努力直到成为局领导,与朱镕基一点关系都没有。

朱镕基在北京当总理,除了工作以外,朱匡宇从没有去找朱镕基。甚至有人怀疑朱匡宇是否真的是朱镕基的侄子。有些朱匡宇一手提拔的下属都到市里当领导了,朱匡宇还坚守在原来的部门。上海的纺织业作为传统产业的改造,曾经作为经验介绍,但朱镕基在上海时,从来没有因此而表扬过朱匡宇。为上海纺织业的改造,朱匡宇也去见了朱镕基几次,为意见不同叔侄俩经常争得面红耳赤。

朱经冶的兄弟姐妹准备将父母的坟墓修整一下,询问朱镕基是否也将他母亲的坟墓顺便修整一下。朱镕基很快就复信:"接到来信,关于为我母亲修坟之事决不可为,传扬出去影响更坏。顾念之情,心领不尽。"

家中及外头有人说朱镕基六亲不认,朱经冶否认说,朱镕基是性情中人,他对国民关怀,对自家的亲人非常亲切。朱镕基每到一个地方出差,只要知道有本房亲戚,都会尽量抽时间安排与亲戚见面,调北京工作时,还把上海所有朱家本房的亲戚都请到自己家里。

阅读提示

作为中国政坛上的一个"狠角儿",朱镕基给人们留下了不苟言笑、不徇私情、铁腕治国的印象。但在这篇文章中,退出政坛的朱镕基却显示出温情款款、风趣幽默的另一面。"铁面"与"柔面"的朱镕基在文章中交替出现,既使他的形象更加丰富、真实,也使他"铁面"之后的家国情怀获得了有力的诠释。

我要"对天发誓",一定要"为莉莉讨回公道",哪怕"用我一生的力量","一生的时间"!

正　义

葛栋玉

1990 年 5 月 5 日,戈尔巴乔夫签署一项命令:追授二战女飞行员莉莉·雅莉特凡科"苏联英雄"称号并颁发金星勋章。此时,距烈士战死沙场已然近半个世纪。正义,真是姗姗来迟!

莉莉·雅莉特凡科是个非常迷人的姑娘,战友们都亲切地喊她莉莉(Lily,百合花)。她的一生仅仅活了 22 岁,却 168 次出战,独自击落敌机 12 架,摧毁德军炮兵观察气球 1 个,并且还与战友合作 3 次击落了敌机。这些辉煌的战果,使她威名远播。偏偏莉莉又天性爱美,在机舱左右画了两朵百合花。德国人一直把这些花误认为是白玫瑰,就送了她个"斯大林格勒上空的白玫瑰"的外号。以至于许多德国飞行员一看到这两朵白玫瑰时,立即就要开足马力溜掉。

可是自 1937 年,她父亲因获"人民的敌人"的罪名而被处决后,家里就陷入了凄凉的绝境:弟弟怕受牵累,改用了母姓,所有的亲友也全都躲开了去,没有一丝同情和安慰。

1943年8月1日,8架德军战机组成的歼击队将莉莉团团围住,在万弹齐发中,"斯大林格勒上空的白玫瑰"永远凋零。战友们怀念莉莉,在她被击落的地方立了一块石碑,镌刻了12颗金光闪闪的五角星来纪念她的战绩。并且特意在墓碑上留出一块空地,准备等政府授予她"苏联英雄"的称号时,再补刻上这个崇高的荣誉。然而,来自官方的回应却大出意外。某些人怀疑莉莉并没有死,而是被德国人俘虏了,并且因为她的父亲是因政治罪被处决的,因而莉莉也被认为在政治上不可靠。这些臆测像毒蜘蛛一样缠住了一些人僵化而丑陋的心灵,一个战功赫赫的烈士,竟未能得到任何政府嘉奖!

出生入死的将士们终于被激怒了。莉莉的战友依娜咆哮起来:我才不信这些胡说八道呢,我要"对天发誓",一定要"为莉莉讨回公道",哪怕"用我一生的力量","一生的时间"!

1941年6月22日,苏德战争爆发的当天,苏联外长莫洛托夫发表演讲说:"我们的事业是正义的,敌人必将被毁灭,我们必将取得胜利。"顿时,全国好像炸开了锅。"几个小时内,各个征兵站点就挤满了前来应征的人群,其中就有那些女飞行员。"而当1943年8月1日,"斯大林格勒上空的白玫瑰"香消玉殒之后,依娜为了给"莉莉讨回公道",一直"讨"了47年。开始是与丈夫结伴,后来又与孙子同行,耗费着精力,耗费着钱财,一次次重返昔日的战场,一回回重温过去的梦想。心中悲苦,有谁能知?

1979年的一天,两个男孩在田野间玩耍,看到一条蛇钻进洞里,就想把它挖出来,谁知竟然发现了一具女尸,她穿着纤小的飞行夹克,身上还装着证件。莉莉终于被找到了。——依娜感叹地说:我的愿望实现了,现在"可以有权利平静地死去了"。

导　语

　　辛德勒救护了几百位犹太人,名垂青史;南京栖霞寺的寂然法师营救了 2.4 万名难民,坚持了 4 个月,事迹却只能依靠老僧的口口相传。

栖霞寺的辛德勒  　　孟　静

　　辛德勒救护了几百位犹太人,名垂青史;南京栖霞寺的寂然法师营救了 2.4 万名难民,坚持了 4 个月,事迹却只能依靠老僧的口口相传。

　　十九年前,在栖霞寺出家的僧人传真就喜欢听师傅辉坚法师讲故事:1937 年冬天,位于市郊的栖霞寺迎来了难民潮,庙里共有 4 个当家

（监院），前3个都跑了，只留下三当家寂然独撑大局，他身边只有10个小沙弥。寂然听说安全区可以"安全"，在地上写了"安全区"三个大字，真的没有了飞机轰炸，他天真地以为自此平安无事。幸运的是，他的徒弟月基14岁时留学日本，和管辖这片的日军指挥官是校友，确实安静了一段日子。指挥官被换防后，噩梦开始。日军十几次地骚扰，强奸妇女。当年一位14岁的女孩子至今健在，她是在庙堂里公然被强奸的，在场的难民都愤怒无比，要和日本兵拼命，当时寂然法师出面力劝难民，他不想更多人流血。

一个日本兵喝醉了，闯进来要花姑娘，对着楼上放枪，子弹穿过楼板，打死了小孩。群众打死了日本兵，祸闯大了。这2万多人就要被全部殉葬，寂然法师带着精通日语的月基，到日军司令部交涉，说这个兵是摔死的，他用智慧圆了这个谎，保住了2万多人的性命。寂然法师然后写下了抗议书，通过丹麦工程师辛德贝格转交拉贝先生，翻译成英语递交日本大使，这件事记录在《拉贝日记》中。

寺里一共只有供200个出家人过冬的粮食，一下子涌进来2万人，宿在广场上、山洞里，从每天两顿减为一顿，饭改为稀粥，依然不够。寂然先是向周围地主化缘，后来又跑到安全区、敌占区偷粮食。

庙里还有一颗定时炸弹是30多个国民党军人，其中包括高级将领廖耀湘，如果被日军发现，所有人都难逃一死。躲了六七天后，廖被安全转移到江北。传真在《栖霞寺1937》的剧本里写下这个故事时，有人提出没有证据，他找到藏经楼里廖的手迹："凯旋还京，兴奋与旧友重临栖霞。"1938年，积劳成疾的寂然法师就圆寂了，死时只有40多岁。

1990年传真开始撰写剧本《栖霞山栖霞寺》。此后传真参加全国统考，录取到南京大学历史系。他在寺里做知客，负责外事接待，每天和人讲1937年的故事，他想：讲得再多一年也只能讲给几万人，拍成电

影就会传播得更广泛。《栖霞山栖霞寺》中有一段讲寂然的故事,拍了1/3后流产,辉坚法师劝他说"因缘不成熟"。

台湾的电视节目"走遍神州"和南京电视台都播放了传真讲难民故事的片断,可这故事被当作传说放在旅游节目里。随着《拉贝日记》的曝光和媒体的不断报道,传真又萌生了拍电影的念头。他四处化缘,影片投资来自一些企业界老板的赞助。先要在省宗教局报批,没通过;他直接到国家宗教局,找到一位副局长获得支持。这部自筹资金的影片被算作了主旋律,省委出了100万元,南京市政府拿了90万元。起初传真想找明星出演,傅彪已经答应义务演出,却因生病退出了。最后用的全是不知名的演员。

传真当上栖霞寺的监寺,可以做他想做的事。经过数年的奔走,电影终于完成,资料来源有逃到香港的方丈所写的《栖霞山志》,还有寺中挖出的碑记。片中也有"艺术加工"。

《栖霞寺1937》2005年就在北京首映,直到2007年才进院线,总共放映的场次不超过50场。按传真法师的话就是:"还没我上电视宣传的次数多。"他期盼所有人都能看到这部电影,只收取5元钱的影院水电费成本,后来有一个香港老板赞助,免费发票,结果是南京观众人数尚可,其他城市很不理想。

阅读提示

看似平静的叙述,其实潜藏着诸多不满——不满有关部门的消极,不满传媒的轻视,不满演员的势利,不满影院的冷清,不满观众的冷淡。且不论作者的价值判断是否得当（一部影片受重视的程度和观众的多寡，与它的价值并不是天然一致的），但作者"怨而不怒"的含蓄表达还是值得借鉴的。"用的全是不知名的演员"，那些知名演员干吗去了呢？"香港老板赞助"，内地的老板哪儿去了呢？类似的"怨语"耐人咀嚼、沉思。

导 语

> 我体会到了一个肩挑重担、精疲力竭的行人，在经过千里迢迢步履艰难的旅行后终于到达终点时的轻松。

华盛顿的选择
············周瑞金

一七七五年，当列克星敦的民兵奋起反抗英国殖民军，打响美国独立战争的第一枪，华盛顿在山庄便再也待不住了。不久，他告别家园，前往费城出席第二届大陆会议。也就在这次会上，华盛顿当选为大陆军总司令。这是他人生旅途的重大转折。如果说，华盛顿十六岁当上土地测量员，是他独立生活的起步；二十岁担任弗吉尼亚民团指挥官，是他军事生涯的发轫；那么，他四十三岁膺任大陆军总司令，则是他反抗殖民压迫之英雄史诗的开篇。

华盛顿由是走进了历史。

大陆军的总部设在纽约。战争伊始，形势极为严峻。由于敌众我寡，兵力悬殊，大陆军曾数度陷入饥寒交迫、粮绝弹尽的困境。华盛顿本人也积劳成疾，卧榻不起。这时，常常是关于弗农山庄的温馨回忆一再激起他心头的火花。这期间，一桩意料不到的事发生了：一七八一年四月，一艘英舰溯波托马克河而上，炮轰弗农山庄。管家为了保全庄园，竟然以向英军提供粮食为代价，换取敌人的"城下之盟"。华盛顿闻讯，大为震怒，他宁愿庄园被夷为平地，也不愿家人与英军妥协。愤怒之余的华盛顿积极谋求军事进攻，不久，他与法国远征军联手，一举取得约克敦大战的胜利。这是一场关键之役，迫使英军司令康华利率领的八千英军缴械投降，从而奠定了美国独立的基础。

至此，华盛顿一跃而为各州拥戴的偶像。有军方人士乘机进言，敦促华盛顿登上国王宝座。当此之时，究竟是要王冠，还是要民主共和？是要一己私利，还是要万姓福祉？华盛顿坚定地选择了后者。关于这，曾在七年前主持起草了美国《独立宣言》的杰弗逊评价说："一个伟人的节制与美德，终于使渴盼建立的自由免于像其他革命那样招致扼杀。"

华盛顿功成身退，一七八三年十二月二十三日，他向大陆会议奉还总司令的职权，随后返回老家的乡下。他在日记中如此描述自己的心情："我体会到了一个肩挑重担、精疲力竭的行人，在经过千里迢迢步履艰难的旅行后终于到达终点时的轻松。"他还对友人吐露衷曲："我终于成了波托马克河畔的一个普通老百姓了。在自己的葡萄架和无花果树下乘阴纳凉，听不到军营的喧嚣，也见不到公务的繁忙。我此刻享受着的这种宁静与幸福，是那些孜孜不倦地追逐功名的军人们，那些朝思暮想图谋策划不惜灭亡他国以谋私利的政客们，那些时时刻刻察言观色以博君王一笑的谀臣们，所无法想象的。我盼望能独自散步，心满意足地走自己的生活道路。"

华盛顿五十一岁上归隐庄园，他并非饱食终日，无所用心，而是以一个新型种植园主的身份，积极参与农业改革。他广种牧草，改善羊种、骡种；他提倡作物轮种，率先生产土化肥；他还热衷于赛马、打猎和园艺。华盛顿向外界表示："在一切行当中，我最感到快乐的，就是务农……"

然而，既为政治家，又岂能长久置身于政治之外。一七八七年五月，华盛顿去费城出席制宪会议，并被推选为大会主席。会议制定美国新宪法，规定三权分立、司法独立、总统民选，等等。新宪法颁布一年半之后，美国举行大选，一七八九年一月，华盛顿以无可争议的全票，当选为首任总统。这是民族的意志，这是历史的选择。面临荣耀的冠冕，华盛顿丝毫也没有表现出兴高采烈，踌躇满志。相反，当他离开庄园去纽约赴任时，竟然发出"犹如罪犯走向刑场"的感喟。华盛顿深知："民众的热情是如此空前高涨，合众国的前途又是如此变幻莫测，假使自己尝试失败，势将成为历史的罪人。"筚路蓝缕，创业维艰，他不能不小心翼翼。每迈一步，都如临深渊，如履薄冰。

总统就任仪式上，华盛顿郑重宣誓："吾将竭尽所能，坚守、维护和保卫合众国的宪法。"这是一个开天辟地的时代。这是一个日不遑食、夜不遑息的时代。华盛顿领导他的新政府，内筹建设，外御列强，驾驶合众国的航船渡过了最初的一段险滩。四年任期将满，华盛顿谋算急流勇退，孰料选民们不答应，一七九二年十二月，他又以全票当选为第二任总统。这时，恰逢英法两强开战，美洲大陆上空也因之而阴云密布。华盛顿严守中立，发表了著名的《中立宣言》。宣言强调美国的外交政策是，"同地球上一切国家保持友好关系，不受任何国家支配而保持独立；不参与任何国家间争端，除非为了自我尊严和国格所不可或缺的正义，我们决不卷入战争"。这是多么严正而又磊落的立场！

美国宪法规定总统任期四年，准予连选连任，没有上限。鉴于华盛顿的彪炳业绩和崇高威望，世人普遍认为他会终生连任。华盛顿自己却不那么想。他认为，要是在总统的位置上一直待到寿终正寝，和君主制又有什么区别呢？民主的意志岂不成了虚话？共和的理想岂不成了画饼？因此，在第二任总统即将期满之际，他下决心引退。一七九六年九月十九日，华盛顿借《美国广告日报》发表卸职演讲，自我解剖说："即使值政府运行最佳期间，判断失误之处也在所难免。最初，我就意识到自己才疏学浅，经验匮乏，从而促使我怀疑自己能否胜任，也许在他人看来更是如此。况且，随着衰老而来的负重感也与日俱增，它无时不在提醒我，退休已是刻不容缓。"

华盛顿主动卸任，让位于亚当斯，为政坛民主更迭树立了良好的先例。从此，连任止于两届，便成了美国总统一条不成文的规定。第四任总统杰弗逊就是以华盛顿为楷模，坚决放弃第三次问鼎的机会。这种默契，一直延续到罗斯福，只是由于第二次世界大战这一特殊背景，才不得已破例，罗斯福总统任上待了四届，在他之后，美国国会通过了宪法修正案，明确规定总统任期限于两届。

历史将永远记住那一天，一七九七年三月五日，六十五岁的华盛顿圆满完成了权力移交，一身轻松地返回弗农山庄。他的孙女记录道："祖父……为再次成为农民华盛顿而无比高兴。"

阅读提示

我们常常说要继承人类的既有文明成果，华盛顿的行为以及由此建立起来的思想无疑是近代人类最重要的文明

成果之一。其民主精神、法制精神及以国家利益为重的奉献精神,至今都放射着革命性、开创性的历史光芒。

　　真实的泰坦尼克是冷酷的,但愿它会永远成为历史;艺术的泰坦尼克是温暖的,希望它能照亮我们每个人的心。

历史没有那么温暖
张恒涛

　　1912 年 4 月 12 日深夜,不会沉没的超豪华巨型客轮"泰坦尼克"号不幸在纽芬兰附近海域与冰山相撞,冰冷刺骨的海水顿时无情地涌入船舱,死亡的阴影残酷地吞没了船上的每一个人。

　　在后来的文学和影视作品中,我们随后读到并看到的是一幅幅充满人性、感人至深的温暖画面:白发苍苍的老船长庄严宣布让妇女儿童首先离船,并平静地与"泰坦尼克"号一同沉没;一位父亲沉情地亲吻小女儿之后将她送上救生艇,星光下绝别亲人的他泪流满面……

　　令人遗憾的是,历史的真实远远没有那么温暖。

　　根据保留下来的乘客记录和一些学者的计算,当时"泰坦尼克"号的头等舱有乘客 319 人,200 人幸存下来,幸存率为 63％、二等舱有乘客 269 人,117 人幸存下来,幸存率为 43％;三等舱有乘客 699 人,172

人幸存下来,幸存率为 25％。

三类舱位的幸存率之所以会有这么大的差距,有两个原因,其一是因为"泰坦尼克"号和别的客轮一样,将存放救生艇的区域安排在了头等舱和二等舱附近,以降低富人和中产阶级乘客对航海风险的担心,当时所有的轮船都是这样设计的。其二是因为下水逃生的安排也保持了这个相同的逻辑,即头等舱、二等舱优先,而不是后来盛传的"妇女儿童优先"。就儿童而论,一、二等舱共有儿童 32 人,只有一人死亡;三等舱的儿童有 75 人,死亡 55 人。毋庸讳言,作为社会等级标志的舱位成了生命的筹码。

真实的泰坦尼克是冷酷的,但愿它会永远成为历史;艺术的泰坦尼克是温暖的,希望它能照亮我们每个人的心。

阅读提示

还历史一个真实,不但不会损害艺术的魅力,而且会给艺术以更绚丽的色彩。

三、城市是文明的家园

城市是什么？是高楼、是马路；是人口的汇聚之地，是经济的繁荣之都。有人说，城市化就是现代化。但城市化又不能完全等同于现代化。高楼大厦不是现代化的代名词；汽车马路也不是现代化的同义语。现代化更注重人的文明。城市的生动细节恰恰在于城市人的文明程度。礼仪、卫生及相应的道德行为习惯，还有教育、文化、艺术以及人的修养气度等等，这才是城市文明的内在价值。城市是文明的家园，我们要向文明的真义努力。

导 语

　　沈阳的性格，不能简单地被定义，它是粗放而又内敛，包容而又收拢的。

叩问沈阳 ·············· 邱长鹏

一

　　这是个尴尬的城市。

　　没有人能否认沈阳的偌大。它的外环越来越远，楼层越来越高；它在全国都是数得上的大城市。可是，除了这些，它仿佛总让人看不清它的真实面孔，不能迅速地来个直觉上的定位。它有些传统，却又无法厚重到去依赖。它的底蕴比不得那些千年的旧都，所以，西安、成都显得深沉又有些闲适，而沈阳看上去仍然必须忙忙碌碌。

　　它很热闹，却很少让人联想到时尚、现代，甚至算不得繁华。它比不得上海，也许是入海口的缘故，从近代开始，上海的繁华中虽然透着一丝风尘的气息，却隐约有着让人欣赏和心动的元素。尽管有些被动，却有着某些让人着迷的变化。而同样被动的沈阳，则显得有些土气；它甚至比不上同乡大连，它无法依靠大海，少了些灵动的气质，显得不够高贵。它只能努力地把根须往脚下的黑土地扎下去。它有些沉重,有些不堪重负。

沈阳,仿佛既不属于现代,也不属于古代。它挣扎于两者之间,有些疲惫,有些委屈;如同我在沈阳街头见到的许多路人一样,行色匆匆,面容严肃而落寞。

其实,我是无意冒犯沈阳的,我们谁又有资格去责备沈阳呢?

沈阳最初的身世,是可以追溯到七千年前的新乐遗址的。至战国时燕、秦、两汉,沈阳有了它的前身:候城。这个名字具体起源于何时,还有待考证。2007 年在沈阳中街一带挖掘出了古城遗址,经专家论证,很有可能是候城。后来历朝历代都在这里留下了自己的足迹。沈阳这个名字则是在元代所设置的沈阳路中被正式提及的,沈阳的血统,同样渊源流长得让人头晕。沈阳还曾在前些年,为建城 2300 周年举行了欢庆仪式,这是颇让人欣慰的。勤劳的沈阳人,在追溯一种认同感。

可是,又有多少人熟悉这些呢?中华民族的精神接力,更多的是被黄河流域的中原文明所承担,数千年来担负着历朝历代的大场面、大气象。而作为偏远荒凉之地的沈阳,一开始就注定了自己乡野村夫的身份。它没得选择,这是先天条件决定的。沈阳,作为未开化的边城,一直流落在主体中华文明之外,沈阳的身上,没有凝聚太多儒化的中华传统文明,而它一旦凝聚起什么,也是融合了大草原上未被完全驯服的野性气息。而沈阳的精神气质,在南方的朝廷眼中,是另类的,这种另类在北方对南方富庶生活开始向往之后的侵袭中,渐渐让南方政权感到了一些匪气,而演变成了对峙。

而这种野性实际上是无损于大局的。中华大家庭一直在不断融合中。中华文明中有了太多的温文尔雅,有了太多的细致工笔,这往往需要一种平衡的力量,一种写意的畅快淋漓,来保持中华文明中的血性,这个任务,责无旁贷地落到了北方民族身上。而长时间的对峙与侵扰,也使南方政权时刻保持着一种警惕,而加紧富国强兵。这种有些类似于练兵的内部斗争,往往会孕育出一个统一的强大国家。

而沈阳的崛起,恰恰是因为它把目光放到了更远处、更南方。它的注意力集中在别人身上,反而促成了自己的辉煌。

质朴而憨厚的沈阳啊,终于有了一段坚挺的历史。它真正的落脚点,应该始于靠近近代的十七世纪。

二

公元 1625 年,沈阳迎来了它命运中最重要的一天。后金首领努尔哈赤从辽阳迁都来到沈阳。而迁都的决定最初是有异议的,诸贝勒大臣反对。但努尔哈赤高瞻远瞩,他明确指出,沈阳乃形胜之地,西可征明,北可征蒙古,南可征朝鲜,是个好地方。于是,在他的坚持之下,他带着八旗铁骑们一天一夜之间赶到了沈阳,改沈阳为盛京。

中国历史上有太多的马蹄声,它们一路伴随着中华文明的历史进程,颠簸着,辛苦着,又总是那么恰到好处。而这一次,竟然成了中国历史上的转折。

"一朝发祥地,两代帝王城。"沈阳,开始了它的传奇生涯。努尔哈赤,无疑是这个传奇的缔造者。更重要的是,他不仅开创了沈阳的历史,也开创了一个帝国的开始。大清朝由这里走上了历史的前台。沈阳,也由此成了大清朝的龙脉之地。一个马背上的民族,一个文明相对落后,而斗志旺盛的民族,这一次占据了中国历史的制高点。

沈阳,成就了大清朝的基业,留住了两代帝王,然后,大大方方地送别了努尔哈赤的子孙们。在他们身后,像个老人般地安守,心甘情愿地做起了大清朝的陪都。

　　它好像没有经过太多帝王之都的沉浸,没有来得及被太多的中华正统文明所熏陶与洗礼,就退隐了。它的辉煌有些短暂,短暂得让我对它的文明程度有些不太信任。直觉中,它仍然有些粗犷,至多是朴实,和艺术好像不太搭边。然而,世上许多事是无法预测,出乎意料的,我真正地接触沈阳竟是以文学的名义,而且是在那个叫西瓦窑的大清朝皇家煅烧砖瓦之地。华夏民族的语言总有无尽受用,一个名字往往会衍生出多种含义,有时巧合得让你叹服至极,我在省文学院里煅烧自己,用一个月的时间来体贴沈阳,来接近沈阳。在那些我所接触的作家与学者的语言氛围里,在他们对文学的虔诚里,我想我错了,也许沈阳在国内还不是最有艺术气质的都市,但它这份对文学的认同和不舍,无疑是值得珍惜与敬重的。

　　漫步沈阳街头,我总在下意识地寻找什么。那些忙碌的人群,热闹的二人转舞台,有些疯狂的球场气氛,都是如此火热,不加掩饰。我在一张张沈阳人的脸上捕捉着,揣测着,总想发现点什么有些归结性的价值取向与命题定位。而这些,仅仅是表象,在他们的表情后面,性格后面,一定有某种集体性的心理支撑,潜移默化间融入骨髓。沈阳的性格,不能简单地被定义,它是粗放而又内敛,包容而又收拢的。它不太会丢失什么,同时它也不常散发什么,它固守自己,不轻易被谁影响,它的定力很足,足得会让你觉得它有些倔强。而这一切的源头,是应该到沈阳的后院去寻找答案的。

　　是啊,到沈阳精神的后院去看看。

阅读提示

　　叩问沈阳，既是问读者，也是问自己。作者反复剖析揣摩着沈阳的当下过往，竭力挖掘这座城除去喧嚣后的光芒，但似乎总逃不开悲壮的色彩，一种开拓者的悲壮。作为开拓者，野性、剽悍、坚强、热情的性格渗入骨血，但这注定了他们习惯肆意地驰骋，而不是精致地经营。当一切都建立起来时，这座城、这里的人无可避免地与彷徨碰面，但是沈阳用它特有的性格化解了尴尬，巩固了后院。

 **导 语**

　　唐代诗人眼里的扬州，是"天下三分明月夜，二分无赖是扬州"，是"十里长街市井连"，是"九里楼台牵翡翠"。

唐朝的大上海——扬州
叶兆言

　　20世纪30年代，上海的一位大学教授在讲授《中国文化史》的时候，给学生提了一个问题：在150年前，黄浦江两岸蒲苇遍地，田野间偶见村落，很少有人知道有所谓上海，诸位试想，那时中国最繁华的城市，应该会是什么地方？同学们被这个看似不太难的问题卡住了，七嘴八舌,说了很多种答案,有人说是北京,有人说是洛阳,还有人说是南京,没有人会想到竟然是扬州。

这位教授十分感慨,说尽管标准答案确实如此,但大家都没想到,说明在过去一百多年里,大名鼎鼎的扬州衰落得实在太厉害。落水的凤凰不如鸡,自东晋以来,特别是隋唐以后,曾一直占据中国经济中心的扬州,随着现代社会的到来,作为中国历史上特大城市的光彩早已不复存在。教授苦笑着告诉学生,说这个就叫历史的变迁,今天的上海人,听到扬州话便想到江北乡下人,看到扬州人便想到穷瘪三阿木林。要是在 150 年前,或者往前的康乾盛世,再往前唐宋元明,扬州人眼里的外地人,清一色都是乡下人和阿木林。阿木林是流行于当时上海滩的洋泾浜英语,意思相当于今天的"土包子"和"土老帽"。

苏州人觉得自己的城市是天堂,在心高气傲的扬州人看来,所谓天堂也不过就是一个满足温饱的小康社会,不过是小日子过得有点富裕,不愁吃不愁穿,和平和谐和睦。这样的岁月在扬州人心目中根本算不上什么,稍稍知道一点扬州历史的人都知道,如果说在六朝时期,南京算是当时最繁华的城市,那么到了隋唐,自从大运河通航以后,东南繁华的第一把交椅,恐怕就不得不让位给扬州。扬州那时候的来头要大得多,那年头,长安因为是京城,是皇上待的地方,是政治中心的所在地,其地位正好相当于今天的首都北京,而扬州便是今天的大上海,商贾如织,是不折不扣的经济中心。

一千年前的扬州繁华,对于今天的人来说,实在是难以想象。可以这么说,今天作为国际化大都市上海拥有的种种优势,当时的扬州基本上都具备。那时候的扬州就是一个国际化的大都市,唐代诗人眼里的扬州,是"天下三分明月夜,二分无赖是扬州",是"十里长街市井连",是"九里楼台牵翡翠"。诗圣杜甫一生贫寒,他看到当时的外国商人一个

个东下扬州做生意,不禁心生羡慕之意,也想顺势搭个便船,跟着一起到扬州见识一下,可惜最终还是没有能够成行。据说唐朝有些名气的诗人,有一半到过扬州,杜甫偏偏只留下一句"商胡离别下扬州",这让扬州人民十分遗憾。好在同一首诗的四句话中,杜甫说到了"忆上西陵故驿楼",根据这句话刨根问底,他当年似乎也来过扬州,只是惜墨如金,没有留下其他更能让人咀嚼的诗句罢了。

在考古挖掘中,扬州发现了一批唐俑,这批唐俑最大特点就是高鼻深目,一望便知是"胡人"。唐时的胡人不是今天的欧美,他们大多来自波斯和大食,即现在的伊朗和阿拉伯。同时出土的还有与胡俑联系的骆驼俑,骆驼有"沙漠之舟"之称,显然是胡人长途跋涉的交通工具。但是,值得一提的是,中国历史上的对外贸易交流,最初都是沿丝绸之路进行的,因是陆路,成不了太大规模。到了唐朝的时候,海上交通开始发达起来,我国的东南沿海对外贸易大盛,扬州是水路运输的重要枢纽,要想把海外的货物运到京城去,扬州是必经之路。

形容当时扬州繁华的谚语,最有说服力的就是"扬一益二",意为全国之富当推扬州为第一,益州为第二。益州就是今天的成都,有理由相信,这样的排名显然不是扬州人的主意。按照中国南方人的传统习惯,一般不太喜欢自称天下第一,不喜欢太张扬。动不动就是一个吉尼斯纪录,这是近年来兴起的时髦。中国人做事喜欢留有余地,喜欢我第二没人敢说第一的境界,譬如江南第二泉,又譬如天下第二泉。扬州人才不在乎自己排名第几,"江淮之间,广陵大镇,富甲天下",这话最好是让别人去说,等到扬州人自己再津津乐道这些往事的时候,扬州城早已经彻底地败落了。

烟花三月的扬州是中华都市的一个历史影像。扬州的都市地位虽然渐行渐远，但她的繁华身影仍会像特写的电影镜头一样常常凸现于人们的视野中。这样的繁华事实上还在续写着今日扬州的发展与辉煌。

导 语

书生醉写赋文，吟浪漫之理想；宜宾脚踏实地，奔锦绣之前程。

宜宾赋  魏明伦

天下游人，品评万水千山，问何处适宜宾客？

长江重镇，吸引五湖四海，到此城际会风云。

鼎鼎西南半壁，巍巍水陆码头。纵横三省，吞吐两江。金沙从雪岭而来，岷水经青衣而至。黄浪翻腾，如英雄奔用武之地；碧波荡漾，似佳人赴比美之场。宝地为媒，双水融融合抱；巨龙出世，长江滚滚诞生。早离故土，远方沧海召唤；初上征途，身后翠屏送行。难在起步，贵在开头。万里长江从此伊始，千年古邑因此扬名。

临广场而怀古,抚地标而抒情。听铜鼓鸣雷,来自秦汉;梦马帮踏雾,穿越时空。僰道开丝绸之路,戎州建夷汉之交。僰字从人,岩画遗留人性美;草根多智,悬棺显示智商高。如何飞上险峰,当时似有鹰翅膀;怎样打开谜锁,今日仍无金钥匙。刮目相看,重评夜郎国;沿阶直上,浏览大观楼。叙府中心,古城标志。继范仲淹之宏愿,仿岳阳楼之大观。登斯楼也,心系万家忧乐;望彼岸兮,眼追百代英豪。相如筹策,诸葛平南,韦皋驻节,杜甫游戎。诗化锁江石,涪翁书法放翁咏;笔造流杯池,骚客唱和迁客修。神话传奇,闹海哪吒之桑梓;馆藏纪实,抗日女杰之故园。双枪白马,赵一曼武姿震倭寇;铁板红泪,阳翰笙文采映左联。刘华工运领袖,李陶学潮先锋。哲理高深,唐君毅海外倡儒学;墨痕独特,包弼臣蜀中称字妖。

人物同景物兼美,竹海和石海齐名。绿涛万顷,峨嵋姐妹;翠节千秋,潇湘弟兄。胸有成竹雅君子,腹容大海伟丈夫。与竹交友,弱者变强成劲节;以竹为师,狂人戒躁也虚心。有竹必有文化,无石不成地球。天盆装岁月,石海涌汪洋。奇石招手,顽石点头。栩栩如生,脉脉含情。同游客默契,促文人联想。红楼石头记,水浒石碣书,西游石猴史,兴文石海歌。读三书以人喻石,观一景以石喻人。石痴爱美,醉鬼多情。四川酒有口皆赞,五粮液无人不知。高粱红火,苞谷金黄,糯米回甜,小麦清香。再配嘉禾大米,合为玉液琼浆。粮为酒之本,曲为酒之骨,水为酒之血,江为酒之魂。前辈秘方,酝酿出浓香魁首;当今绝技,勾兑成白酒状元。初闯旧金山,一举夺冠;再争巴拿马,二度开梅。好酒! 好酒! 蜚声国际,造福乡里。此城载誉千钧,此酒增辉多少。答案使人陶醉,宜宾别号酒都。

举杯叙旧,寻迹钩沉。大学韬光养晦,小镇卧虎藏龙。幽静江安,中国话剧第一圣地;古老李庄,同济大学第二故乡。到此回声入耳,不忘国难当头。山河沦陷,高校撤离京沪;风雨迷茫,师生漂泊江湖。安居需净土,患难识李庄。电文十六字,代表百家东道主;古镇三千口,接待万余下江人。决策者功不可没,小孟尝名不虚传。莘莘学子,如鱼得水;队队鸿宾,似鸟归巢。月亮湾三更灯火,板栗坳五鼓鸡鸣,禹王宫四季松柏,东岳庙六度春秋。江畔书声琅琅,船头号子悠悠。长江水,母亲河。滋润国家瑰宝,浇灌民族栋梁。来时洗尽仆仆风尘,去时多添皇皇巨著。依依告别,款款留题。碑刻银钩铁画,铭记山高水长。

昔年栗峰碑,今日宜宾赋。老友重来,喜看市容嬗变;古人魂返,惊叹世态新奇。高速公路,车如流水;立体交叉,桥似彩虹。民航跑道,仰观银燕;地标广场,俯瞰巨龙。地理占优势,历史赐机缘。活力引四方聚焦,魅力招八面来风。远景渐成近景,蓝图实现宏图。世型煤田,宝藏取之不竭;梯级电站,金沙用之无穷。集千军,腾万马;超二滩,赶三峡。大坝拦沙,澄清瞿塘激浪;百舸列队,开通溪洛新航。水火核三电同辉,山川林万物添彩。灌区浩瀚,再造一座都江堰;电力雄厚,照亮半个大中华。伟哉!书生醉写赋文,吟浪漫之理想;宜宾脚踏实地,奔锦绣之前程。

阅读提示

让同学们读一读,甚至背一背"赋",有利于提高自己语言的感受力和表达力。"赋"这种文体的特点讲节奏、讲韵律,用词用句讲对称、讲凝练,阅读它,对提高作文的语言水平,很有益处。

上海人清醒客观得很，根本懒得怨天尤人，要的只是自己兢兢业业地操持自己的日子，所有的日子串联起来即是自己的命运。

上海的现实主义 ………………… 池　莉

清明将至，细雨霏霏，我来上海，为故去的亲人上坟扫墓。我来上海多少次了？不记得了。因是喝长江水长大的，长江沿岸的城市，都有稔知感。尤其是上海，有骨肉至亲生活在这里，从小到大，来来往往，积累起来，也是许多个日子，仿佛上海，也就是我的一个远房亲戚了。

上坟扫墓，在上海，是每年的一桩大事。清明前后，公共交通公司都要为此开辟公共汽车专线，远到苏杭，嘉定都算是近的了。清明节的扫墓，上海也还有自己的许多说法和专用名词，外地人一般是闹不懂的。比如扫墓供品中，最基本和最常用的是青团。麦青草与糯米和豆沙制作的一种糕点。这是新春的时令点心，大家都吃也爱吃，什么道理，却不知道。我在一家大超市买青团，六只一盒，三元钱。回来路过好德便利店，青团却是一盒六元了。我就不明白为什么同一天，同等大小数量的青团，价格可以相差一倍。好德便利店是上海人自己开的，是开在家门口的杂货铺，它的服务员是阿姨型的，四十多岁五十出头，胖或者微胖，性格温和，一口上海话，上海的人情世故，无有不懂。上海不像其他许多城市，一味地好年轻姑娘。这些姑娘，脸面也许年轻好看，问她什么，却瞪了无知的白眼，一问三摇头，如此，这个城市给人的感觉,就是薄薄的不牢靠,不厚实,不亲和人,可要可不要的东西,就不想买了。上海却不,只要它愿意,它会设法让你把口袋里的最后一分钱,都乖乖掏出来。阿姨好脾气,耐心教我道理,说:"这青团是好的呀,那青团是摆摆样子的呀。要是自己吃嘛,一定要买这青团。那青团呢,大家都是拿去做事的呀。"做事就是上坟。上坟的供果,因最终都是给看墓人拿走,上海人便会选择一些便宜的瓜果糕点,摆摆样子,让仪式得以完成。如此看来,上海人就显得薄情寡义了;可是要说上海人不讲感情,那也不对,年年的清明,家家都出动,大举地做事,其态度与规模,其他任何城市都难以匹敌。一旁忖度忖度,才明白,上海人是实在与理智,怎么也不肯花冤枉钱。清明是一定要上坟的,悼念也是一定不要忘记省钱的。细雨蒙蒙的上海,满大街奔波着扫墓人,昂贵的鲜花与糕点,照样还是消费不了多少。眼里是要噙着泪水的,东西还是要寻找便宜的。上海人把事情做得哀而不伤,有节有度,感情上再难过,心底里总是有把守;钞票花费到什么程度,手指缝都还是捏得出分寸来,绝对不会恣肆汪洋。这便是上海式的现实主义了。

上海的现实主义很是难得,冰冻三尺,非一日之寒;树大根深地密布在生活的纹理之中。你进入了上海人的日常生活以后,有一天,他们就会告诉你:"法国葡萄酒是好的呀!在麦德龙和家乐福,三四十元,也可以买到很不错的波尔多红葡或者白葡;中国的王朝和长城,那是难喝的了!还要七八十元,千万不好随便买的了。"

关于职业的选择,上海人也是要告诫亲朋好友的,他们说:"现在最好是去做教授。做生意嘛,好是好的了,不过风险大,又辛苦,还要运气好;大多数人,运气都有定数,哪里有那么多的好运等着你呀?做生意嘛一般人还是吃不消。现在在大学做教授,动动嘴皮子,一个月收入上万元还是毛毛雨,又受人尊重,又有派头,现在国家把教育当产业抓,做

教授肯定是最好的呀。"

　　近年来上海人生活中最重要的大事,要数买房。街道上最多的门脸,也是房地产中介公司,三五步就一家。也许是中国经济发展的玄乎劲,让上海人嗅出了一种难以把握的不安稳,只有不动产才是最牢靠的。于是家家户户都在盘算并行动着:如何小房换大房,如何大房换别墅,如何买头期开盘房,如何按揭买房出租还贷;今后任你风雨飘摇,房子总归屹立在上海的大地上。上海总归是中国最繁华的大城市,人人都想来上海,上海的土地总归越来越少,因此,今后房子的保值升值绝无问题。上海人坚信:上海的住房是一个硬道理。

　　若以为上海是一个香风温软的城市,那你就大错特错了。首先,上海总是有十分强劲的风,动不动在窗外呜呜响得怕人,到底是海边的城市,难得中原城市的风和日丽。上海的行事作风同样很硬派,满大街都是硬道理。你在别的城市买机票,都可以谈折扣,五折票也是经常会有的事情,在上海你就休想。在上海你想安装一部电话,你不往电信局跑几次并耐心排队并提前交足预付款,期望像许多城市那样给电信局打个电话就来人装机,那你也休想。上海大街上的标语,一味都是灌输上海的硬道理,如"电动自行车一定要入库,不然几秒钟就会失窃""不存放电动自行车,省了小钱失了大钱",等等,都是特别露骨头露鲜血的危险与警告。按说缓缓步入餐厅,应该是有一点诗情画意的事情,而你步入上海的某些餐厅,不当心就看见了餐椅背靠上的广告词:进餐带套一防污染二防被盗! 进餐还要带什么"套"吗? 这是很突兀很吓人的话,如果对上海的现实主义没有足够的了解,多半要被"进餐带套"吓得诗情画意全无。其实这广告词也就是说:进餐的时候,顾客将外衣和随身小包挂在餐椅椅背上,那么,就应该使用一只椅背套子。一般说来,凡诉诸文字的口号标语广告词之类,人们写出来的时候,自然就会考虑一点对称与押韵,含蓄与艺术感染力什么的,上海却不管这些,上海的文字个个都砸到实处,要叫你懂得害怕,要叫你明白人人都在觊觎你的钱,这就是上海的习惯做法和春夏秋冬,是日复一日的上海日常生活了。

上海人生活得是如此本位,对于国家政治与社会体制与贪污腐败等问题,就是不像其他城市的人群那么关注与激烈。上海人清醒客观得很,根本懒得怨天尤人,要的只是自己兢兢业业地操持自己的日子,所有的日子串联起来即是自己的命运。可以想见,物价再涨,世道再乱,上海人的日子,也会过得稳妥,很难发生饔飧不继的事情。一日三餐是安定团结的最基本保证,既然都可以把握在自己手中,上海人自是心平气和的了。于是乎,上海的温然怡和之气,也就由大街小巷千家万户,不谋而合地,点点滴滴地发生与散发出来,弥漫在这个长江入海口的城市上空,弥漫在百年来的发展历史里,成了上海这个城市的文化基调。

上海的文化基调,走马观花的人大都有误解,似乎上海就是中国的灯红酒绿,花花世界,人人都在享受生命,贵夫人娇小姐小白脸的公子哥儿都在极尽奢靡。世面流传的一些文字,大都也是写写上海的旧时洋楼,今日的酒吧;起死回生于新旧时代之间的爵士乐,美酒加咖啡,一杯又一杯,老洋房里头的绅士,江边外滩的水兵;昔日名媛与歌女的香氛丽影,浦江两岸的异国建筑与不夜城的霓虹灯。这是上海,的确是上海,却不仅仅是上海。这些物质生活与精神性状,在上海在着有着,在巴黎,在纽约,在阿拉伯世界,在非洲,一样也都在着有着。

上海是上海人民的,人民是指一个绝大多数的群体,上海人民才是上海文化的代表。是他们创造并发展着上海这个城市最本质的东西:血肉,面貌,语言,思维方式与生活方式。上海人民最善于为个体生命营造安身立命之所;安稳与实惠,是支配他们行为的根本宗旨。上海人民理智面对现实的态度,无疑形成了上海的生存哲学与主义,在当今中国独树一帜。

也许你会嫌上海人说话行事太严谨,太精明,太实在,太清楚也太啰唆和太绵长,密密匝匝,嘀里嘟噜,没完没了,不留空隙,缺少飞白;那你就得去武汉这样的城市。到湖北去,到四川去,到东北去,到西北去,到山更高水更远的地方去。武汉大街上的标语,长的是:明日拆迁实无奈,今日挥泪大出血。短的只有两个字:瞎卖! 更有多情博爱的:本店一律跳楼价! 朋友,只要你来,我就为你跳楼。无论是瞎卖,还是挥泪,还是跳楼,文字里都透出疯癫痴狂,写字人的骨子里头,都是激情荡漾的,完全是一种不顾现实的态度,都可笑,可恨,也可爱,看了叫人牙痒痒。却原来,上海才是关怀人生的冷暖温饱的,上海才是一个温情的市民城市;武汉这种江水奔流的城市,到底总是江湖的,动不动就是雅兴一来诗下酒,豪情一去剑赠人;动不动就是人生在世不称意,明朝散发弄扁舟;动不动就是革命自有后来人,砍头只当风吹帽。激情过后呢? 剩下的漫长时日呢? 武汉人没辙了,搞不好就容易自暴自弃了。却原来,还是依靠上海的现实主义,才可以支撑漫长的日子;支撑得好,也才会有国富民强的可能性。对于现今的中国,对于现今许多烦躁不安、心气不顺的中国人,对于那些时时刻刻有可能变成亡命之徒的迷乱者,上海的现实主义的确是好的呀——"好的呀"是上海人的口头语。

从中国医学的角度来分析,上海的现实主义不是鹿茸,不大补;不是大黄,不大泄;不是吗啡,不麻醉;不是罂粟,不痴狂。上海的现实主义是冬虫夏草,性味平和,是中国的温补,既补内虚,也补外燥,还固本生精,提高免疫力。这是我学过医的毛病,喜欢乱开处方,不过是一个玩笑罢了。

阅读提示

　　池莉的笔墨看似散淡实则凝实,上海的"现实"被纵横挥洒得淋漓尽致。那种随意闲聊之架势,恰如上海这座现代城市自由之姿态,开放包容中又有其特立独行之执着。作者观察现象的穿透力,揭示本质的思考力,以及传递信息的表达力,把"现实主义"的大上海演绎得入情入理,精妙无限。

导语

房子在房子上获得幸福,路在路上延伸,流浪的人还在继续流浪。

重庆:记忆与印象 ·············· 吴佳骏

磁器口

长长的巷弄是从古代延伸出来的。青石板上刻满挑夫的脚印,每一个足迹都是一段历史的缩写。阳光从树枝的缝隙间漏下来,安静如卧在石阶上那只睡觉的猫。阁楼上,坐着喝茶的老人手摇蒲扇,目光注视着墙上挂着的一张渔网。他曾经也许是个渔夫,站在木舟上,向江面撒网,夕阳和晚风都在他的网中歌唱、舞蹈,他的生命中回荡着岁月的涛声。如今,大江东去,波浪滚滚。所有的鱼都从他的网眼中逃走,留下他自己,成为网中人。

林立的商铺旌幡飘动,吆喝声此起彼伏:古镇鸡杂、毛血旺、张飞牛肉、香酥麻花、过江鲫鱼……店主穿着旧时代的衣服,不知疲倦地喊着。来来往往的游客却很少有人问津,只忙着取下肩上挎着的相机,对着一排排仿古的店面,啪啪按动快门——寻找消失的文明。

几个算命先生,盘坐地面,闭目养神。摊开的红布上写着:能推远古知未来,能算祸福卜吉凶。空闲时,他们也会凑在一起打打牌——都是神算大师,打牌时,居然也出"老千"。

一种文明消失了,另一种文明总会诞生——这是乐观主义者的文化发展论。而现代文明往往是站在传统文明的废墟上找饭吃,他们说:这叫继承与创新。磁器口,一个古镇。满街的画家在这里卖画,众多的书法家在这里替游人设计签名。两三个披着长头发自称搞艺术的年轻人,蹲在巷道的拐角处,给人画漫画,20元一张。这里的每一个艺术工作者都在试图告诉人们:艺术不能脱离生活实际。

也有真正超然于物外的人,比如,江边那个垂钓者,手持钓竿,静坐在裸露的河滩上,从上午到下午,从黄昏到傍晚。路过他身边的人都要朝他看一看,不知道他是在钓鱼,还是在钓时间。

朝天门

纤夫拉纤的号子仿佛还在耳畔回响,裸露的脊背是一座座山的脊梁,长长的纤索是一根根水做的绳子,它创造了一种美学,衍生了一种文明。朝天门,朝天开的门是什么样的门呢?陡峭,还是险峻?出发和回归都要从这扇门穿过,穿过这扇门,就穿越了生死,穿不过这扇门,要么留在蜀地,成为一个永远的幸存者,要么留在天国,成为一个永远的流浪者。这两种选择,似乎都是纤夫所不愿意的。

那么,出发吧!把川江号子吼起来替自己壮胆,别去管妻子,就让她站在江边的望夫石上看着自己匍匐的背影,把眼泪淌成江河,送我上路。也别去管孩子,他(她)还太小,人生的很多事他(她)都不懂,就让他躺在母亲的怀抱里熟睡吧,把浪尖上晃荡的木船当摇篮。当他醒来的时候,也就长大了。

朝天门——就这样成了巴渝儿女打开世界的一扇窗口,每一个打开这扇窗口的人,从此便记住了冷和暖、爱和恨,也从此学会了承担和使命、感恩和敬畏。

一声汽笛响起,我的记忆被现实拉回。牵着宠物狗的妇女在广场上走来走去,放风筝的孩子在地上边笑边跑,他们的记忆已经被生活改写。长江和嘉陵江里的水越来越浅了,轮船也不再远行。搁在水面上的船只被人用铁链拴牢,改建成"水上家园",玩麻将、唱歌,还可以搞搞按摩。外地来的朋友,都要去那里拍两张照,把风情拿回异地去兜售。人们都习惯了把失落的文明当作苦难来欣赏和赞叹。

总有成双成对的青年情侣,喜欢站在朝天门码头的石柱栏杆上,平举双手,学着电影里的画面,演绎爱情的传奇和浪漫,他们的吼声惊吓了椅子上坐着打瞌睡的老人。不知道他们的爱情是否经得起时间的考验,像曾经站在江边望夫石上的女子那样,向着丈夫离去的方向,把秋水望穿。

黄昏落下,江水无声流逝。

菜园坝

房子在房子上获得幸福,路在路上延伸,流浪的人还在继续流浪。

火车和汽车经常在这里碰头,像一对对相恋的人,见了面,叙叙旧,然后,各走各的路,把思念和牵挂留给时间去回忆。

有的人来了就舍不得走了,他们住在天桥下,睡在候车室的过道上,看到姑娘喊阿姨,见到小伙叫叔叔。乱蓬蓬的头发遮盖着他们的脸,也遮盖着他们的身份。路过的人都躲着他们,仿佛他们是潜伏在这座城市里的病菌,谁沾染上,谁就会遭受厄运。甚至,使整座城市都患上重感冒。

也有的人从这里走出去,就不再回来。有的人是不想回来,他们在这座城市里生活了大半辈子,爬了大半生的坡,累了,想出去找个平原躺一躺,把人生的累赘统统忘掉。一扇门站久了,都想成为床。有的人是想回来却回来不了,钱还在包工头手里攥着,被工伤致残的躯体还没

有康复。他们每天躺在工棚里,掉眼泪。日子长了,就把这座城市遗忘了,故乡也就成了异乡。

我每次从菜园坝穿过,都有人认识我,他们会主动上前给我打招呼:喂,发票、车票,要不要。还有几个"棒棒",一看见我就跑过来:先生,我给你提皮箱,5块钱扛到家。老板,我只收3块。另一个抢着说。我没有理他们,转身走了。我一走,他们就打架,打得很凶,还见了血。

来来往往的人在这里汇集。

奇奇怪怪的事在这里发生。

一个人寂寞的时候,我喜欢站在两路口的立交桥上俯瞰菜园坝,那时的它是这座城市的一个胃,胃口张得很大——等待着谁进入。

阅读提示

表现一座城市,如何下手?作者选择几个最有代表性的"景点",通过景点细节的捕捉巧妙地串联裁剪,又配以叙事中的议论让抒情在不知不觉中延伸融合到读者的心灵之中。

全文的特点可以有三个方面:1.分"景点",以小标题结构全文。2.细节化叙事。3.哲理的思考在浓浓的诗意中自然而然地铺设化成。

不论走到哪里,不论是在多么繁华的地方,巴黎永远是那么的安谧和宁静。

欧洲到处静悄悄 ....郭建跃 司彦文

车一进巴黎,我们脱口而出的第一感觉是:"大气!"巴黎不愧为有着 2000 多年历史底蕴的国际大都市:令人沉醉的塞纳河,气宇轩昂的埃菲尔铁塔,壮美典雅的凯旋门,还有那名声与内容一样漂亮的巴黎圣母院,以及藏纳世界艺术精品的卢浮宫和欧洲古代皇宫的极品之作——凡尔赛宫等,吸引着全世界各种肤色的人们蜂拥而至。然而,置身于来来往往的巴黎人和游客中间,却有一个突出的感受:不论走到哪里,不论是在多么繁华的地方,巴黎永远是那么的安谧和宁静。

登埃菲尔铁塔参观是要排队的,买票者的队伍似长蛇一般。乘电梯上去,瞭望平台上站满了人。可就是在这样人满为患的地方,你几乎听不到有人说话,大家静静地依次走着看着,听不到吵闹声,更听不到吆喝声。平时在国内听惯了大声喧哗的我们,到这里便显得失落了许多。有话都是小声地说,甚至小到旁人站在身边也听不到什么声音。在卢浮宫也一样,慕名前往卢浮宫的人非常多,大家在一件件珍奇的艺术品前静静地欣赏着、品味着,没有什么人说话。我们本来是真想评论几句的,可看看沉默的周围,也只能极短、极轻地简单交流一句。

其实,又何止是一个巴黎,我们在德国和英国的许多城市,无论是走在街头,还是步入商店,都会发现,每个人都把声音放得很轻,似乎生怕影响别人似的,或者说更怕因为自己弄出太大的声响而显得自己缺乏教养。

在德国的法兰克福,早晨在入住的酒店里吃早餐,快进餐厅了我们还纳闷:"怎么冷冷清清的? 是过了开饭时间,还是找错了地方?"当我们探头探脑走进去一看——"哇!"里面吃早餐的人坐得满满当当的。偌大的一个餐厅,满满的一屋子进餐者,居然在门口都听不到一点响动。酒店提供的是自助早餐,免不了来回走动,一位老太太不小心碰到了我们桌子跟前的一张椅子,动静并不大,她完全可以一走了事。可她不,她专门停下来向我们报以致歉的微笑,并悄声连说几声"对不起"!

后来的日子里,不管是哪个国家,我们都注意到,欧洲人吃饭几乎是不说什么话的。即使是年轻人,甚至一对恋人,他们在吃饭时更多的是默默注视着对方,或端详或欣赏,用眼睛交流而罕费口舌。欧洲人的这个特点把我们这些"老外"憋得有话也不能大声说,每天早晨进了餐厅都是悄悄地凑上去轻声地问候同伴。

在欧洲,有红绿灯的路口,无论有没有人和车,红灯都是没有人、没有车辆闯的,即使是深夜也如此。一次,我们半夜才赶到德国的港口城市不来梅,大街上不多的几辆汽车仍然是红灯停绿灯行。其实,欧洲人并不仅仅是守规矩,他们在守规矩的同时还有着浓厚的人情味。在没有红绿灯的街口,司机看到我们想过马路,便把快速行驶的车悄悄地停下来,在车里向你摆手,让你先过。路人相逢,只要是近距离目光相对,都会得到一个友好的微笑。如果是早晨在楼梯口或电梯里相遇,尽管

相互之间并不认识,对方也会主动招呼,问你"早上好"。在这样的环境里,你就会不自觉地感到一分暖意、一股春风,这一天都会有个好心情。

回国后许多朋友都问,我们与欧洲相比差距在哪里?要我说,城市建设我们发展很快,局部讲还可能好过他们,但是人的综合素质,特别是在自觉遵守社会道德规范方面,我们还是有差距的。现在,我们国家颁布了《公民道德建设实施纲要》,部队也已颁发了《军人道德规范》,这是可喜可贺的事情,必将提高我们这个文明古国公民的综合素质。

阅读提示

　　城市文明,物质现代化——如高楼大厦汽车飞机固然不易,但人的现代化——如修养、礼节、秩序等等更加不易。

导　语

　　为了国家的未来环境牺牲个人的现时享受,这正是不丹社会的道德共识,是不丹环保成功的最根本原因。

滥伐森林的"瘟疫"为何没传染不丹 ············· 尹伊文

　　外国人来到不丹,最深刻的印象是那没有被污染的环境,蓝天晶透、山谷澄碧,给肺腑和眼球的清新感觉,足以让人切身体验到不丹环保的成绩。难怪联合国在2005年把"地球卫士"奖授给不丹。

它周围的国家都在滥伐森林

森林是不丹的重要资源。有森林资源的国家不少,但像不丹这样保护森林资源的国家并不多,尤其在发展中国家里。森林资源保护得好的大多是发达国家,如富裕的北欧国家。不丹虽是发展中国家,行为更像发达的北欧。

在现代化进程中,许多发展中国家是在环境被严重破坏之后才有环保意识。不丹是一开始搞现代化时就有环保意识的,它的第一部森林法1969年颁布,对保护森林有严格规定。当时它周围许多国家都沉浸在砍伐森林、加速现代化的热潮中。譬如泰国,那时的农业政策是毁林开荒,砍伐森林、出口林木、扩大种植。这样的经济政策带动了GDP的高增长,但也使泰国的森林退化速度位于亚洲最高之列,仅仅二十几年,它的森林覆盖率就从70%降到29%。

喜马拉雅的其他地区就蔓延着滥伐的"瘟疫",比如尼泊尔在30年间就丧失了50%的森林资源。不过,这种"瘟疫"并没有感染不丹,现代化没有使不丹的森林覆盖率降低,反而在不断增高,目前它的森林覆盖率已达到70%以上。

把水电站藏在地下

保护环境并非不要发展,不丹在制定整体发展战略的时候,以国民幸福总值为目标,寻求环保和GDP增长的平衡,因为只有这样的平衡,才能使国民有可持续的幸福。不丹的资源优势主要有森林、矿产和水电,其中水电是可再生能源,不存在资源耗竭的问题,因此,水电被选为

发展的中心支柱。为了保护环境,不丹政府不仅选择了发展水电,而且发展地下水电。地上水电站需要修建大型水库,对环境会有一定影响。1986年,不丹拒绝了世界银行一项修建拦河坝的水电项目援助,因为那会淹没一片自然保护区。

楚克哈是不丹的第一座大型水电站,挖掘了一条6.5公里长的地下涵洞,水流奔腾通过这个涵洞推动发电机。这个水电站1975年开始修建,1988年才竣工。在20世纪70年代,不丹还处于非常贫困的阶段,眼睁睁地看着可以短平快换钱的森林,人们却自觉地勒紧裤带不去砍伐,等涵洞慢慢挖好。

不丹经济发展虽前期较慢,但后劲很强。楚克哈水电站建成后,大大推动不丹发展。它的电力大部分出口,卖给印度,市场稳定,收入稳定。这让政府收入增加50%以上,使政府能降低国内电费水平,给依赖电能的产业更多发展机会。

"轮回"理论来推动环保

在一次接受国际环保嘉奖的仪式上,不丹国王讲过一段话:"这个嘉奖不是属于任何个人的,而是属于不丹政府和全体人民的,是所有不丹人的共同努力才保全了我们的环境……为了未来环境的可持续,我们都做出了牺牲,不攫取国家的自然资源现时享用。"为了国家的未来环境牺牲个人的现时享受,这正是不丹社会的道德共识,是不丹环保成功的最根本原因。

不丹政府在推行环保政策的时候,经常使用佛教观念。一位不丹官员宣传环保时如是说:人只是世界万物中的一种"有情"之物,人不应该对其他的"有情"之物肆无忌惮地剥削侵害。在"轮回"当中,今天的其他"有情"之物上世可能是人,而今天的人下世可能成为其他的"有

情"之物,我们要保护这个"有情"的万物世界的生态和谐。

不丹自有不丹的情况,但不滥伐森林,则永远值得我们学习。在中国,滥伐森林已造成了严重的后果,我们从现在开始反思并纠正,还来得及。

导语

在这条用石头铺成的道路上,一切都是真理。而我认为最伟大的东西,只不过是一种梦想。

小巷 ·············· [印度]泰戈尔 友 忱 译

我们这条用石头铺成的小巷,弯弯曲曲,一会儿向右,一会儿向左,仿佛是出来寻找什么东西似的。但是,不论它拐向什么方向,它总会遇到一些障碍。这边楼房高矗,那边楼房林立,前边楼房鳞次栉比。

小巷抬头仰望,它窥见头上是一条天空碧带——它和小巷一样狭窄,它和小巷一样蜿蜒。

小巷询问这条狭窄的天带:"请问姐姐,你是哪座碧城里的小街?"

中午,它在一瞬间看见了太阳,于是,它就默默地对自己说:"我一点儿都不明白,这是什么地方。"

两排楼房之间的雨云,渐渐浓重了,就好像有人用铅笔将这条小巷中的一块光明给涂掉了。雨水在它的石面上滑滑流淌,雨滴发出击鼓般的声响,宛如耍蛇时节一样。路很滑,行人的雨伞时而相互碰擦;一股水流,猝然从屋檐上跳到行人的雨伞上,致使他们十分惊讶。

小巷感叹道:"要是干旱该多好哇! 雨为什么这样毫无缘故地连续下呀?"

在帕尔衮月,南风就像一位不幸的人,突然闯进小巷,顿时碎纸飘舞,尘土飞扬。小巷气馁地说:"这一定是哪位疯癫的神仙醉得发狂!"

这条小巷的两旁,每天都堆积着各种垃圾——鱼鳞、炉灰、菜叶、死老鼠。小巷知道,这一切都是现实。即使健忘,它也从来不会这样呆想:"这一切都是为了哪桩?"

然而,当秋阳映照在屋顶的晒台上,当祭祀的钟声当当敲响,小巷心里立刻感到:"在这条用石头铺成的道路之外,或许还存在着某种伟大之光!"

在这里,时间在流逝:阳光犹如忙碌的主妇的纱丽一角,从一排排楼房的肩上滑落到小巷的身旁;时钟敲过九点,女仆夹着篮子从市场返回厨房;小巷弥漫着缕缕炊烟和烹饪的油香;去上班的人们,赶路匆匆。

小巷当时又在想:"在这条用石头铺成的道路上,一切都是真理。而我认为最伟大的东西,只不过是一种梦想。"

阅读提示

泰戈尔,一位伟大的诗人!他写小巷,极细致的笔和极诗意的表达,看似随意轻松,却处处透露出伟大的人文情怀。结尾特别引人遐想,伟大的东西——梦想!

导 语

品位、道德、智能,是文化积累的总和。

文化是什么 　　　　　龙应台

文化,它是随便一个人迎面走来,他的举手投足,他的一颦一笑,他的整体气质。他走过一棵树,树枝低垂,他是随手把枝折断丢弃,还是弯身而过?一只满身是癣的流浪狗走近他,他是怜悯地避开,还是一脚踢过去?电梯门打开,他是谦抑地让人,还是霸道地把别人挤开?一个盲人和他并肩路口,绿灯亮了,他会搀那盲者一把吗?他与别人如何擦身而过?他如何低头系上自己松了的鞋带?他怎么从卖菜的小贩手里接过找来的零钱?如果他在会议、教室、电视屏幕的公领域里大谈民主人权和劳工权益,在自己家的私领域里,他尊重自己的妻子和孩子吗?

他对家里的保姆和工人以礼相待吗？独处时，他如何与自己相处？所有的教养、原则、规范，在没人看见的地方，他怎么样？

文化其实体现在一个人如何对待他人、对待自己，如何对待自己所处的自然环境。在一个文化厚实深沉的社会里，人懂得尊重自己——他不苟且，因为不苟且所以有品位；人懂得尊重别人——他不霸道，因为不霸道所以有道德；人懂得尊重自然——他不掠夺，因为不掠夺所以有永续的智能。

品位、道德、智能，是文化积累的总和。

文化不过是代代累积沉淀的习惯和信念，渗透在生活的实践中。

胡兰成描写他所熟悉的乡下人。俭朴的农家妇女也许坐在门槛上织毛线、捡豆子，穿着家居的粗布裤，但是一见邻居来访，即使是极为熟悉的街坊邻居，她也必先进屋里去，将裙子换上，再出来和客人说话。穿裙或穿裤代表什么符号因时代而变，但是，认为"礼"是重要的——也就是一种对自己和对他人的尊重，却代代相传。农妇身上显现的其实是一种文化的底蕴。什么叫底蕴呢，不过就是一种共同的价值观，因为祖辈父辈层层传递，因为家家户户耳濡目染，一个不识字的人也自然而然陶冶其中，价值观在潜移默化中于焉形成，就是文化。

小时候我住在台湾农村，当邻家孩子送来一篮自家树结出的枣子时，母亲会将枣子收下，然后一定在那竹篮里放回一点东西，几颗芒果、一把蔬菜。家里什么都没有时，她一定将篮子填满白米，让邻家孩子带回。问她为什么，她说，"不能让送礼的人空手走开"。农村的人或许不知道仲尼曾经说过"尔爱其羊，我爱其礼"，但是，他可以举手投足之间，无处不是"礼"。

希腊的山从大海拔起，气候干燥，土地贫瘠，简陋的农舍错落在荆棘山路中，老农牵着大耳驴子自橄榄树下走过。他的简单的家，粉墙漆得雪白,墙角一株蔷薇老根盘旋,开出一簇簇绯红的花朵,映在白墙上。老农不见得知道亚里士多德如何谈论诗学和美学,但是他在刷白了的粉墙边种下一株红蔷薇,显然认为"美"是重要的,一种对待自己、对待他人、对待环境的做法。他很可能不曾踏入过任何美术馆,但他起居进退之间,无处不是"美"。在台湾南部乡下,我曾经在一个庙前的荷花池畔坐下。为了不把裙子弄脏,便将报纸垫在下面。一个戴着斗笠的老人家马上递过来自己肩上的毛巾,说:"小姐,那个纸有字,不要坐啦,我的毛巾给你坐。"字,代表知识的价值,斗笠老伯坚持自己对知识的敬重。

　　对于心中某种"价值"和"秩序"的坚持,在乱世中尤其黑白分明起来。今天我们看见的巴黎雍容美丽一如以往,是因为,占领巴黎的德国指挥官在接到希特勒"撤退前彻底毁掉巴黎"的命令时,决定抗命不从,以自己的生命为代价保住一个古城。梁漱溟在日本战机的炮弹在身边轰然炸开时,静坐院落中,继续读书,思索东西文化和教育的问题。两者后果或许不同,抵抗的姿态一致,对"价值"和"秩序"有所坚持。抵抗的力量所源,就是文化。

阅读提示

　　文化是什么? 文化又不是什么? 其实我们无不时时处在文化之中。文化是所有人日常生活中的一个组成部分。龙应台认为:品位是文化、道德是文化、智能是文化、礼仪是文化。龙应台说得对,文化的本质就是人化。一个人融入社会、立于社会的过程就是文化的过程。化即完完全全、彻头彻尾,一个文化了的生命体才能独立为一个真正的人。

江南桂花香 ·············释　藤

一

　　秋风起,凉意淡淡来袭,季节便被安排得恰到好处的温暖。

　　桂花开了,细碎的花朵带着微微的甜美,优雅宁静,婉若清新如水的女子,遍布江南的每一个角落!

　　陌上阳光淡淡轻暖,流泻的风情在这个秋天细致而又明媚,铺陈出一片又一片的温柔。心事醉了,浅浅地划过,不着痕迹!

　　最是喜欢这样的黄昏,有风静静地吹过窗棂,浮尘在夕光下跃动着,然后随风而来一阵清淡的芳香,若有似无地飘过,像是不经意间隐匿在尘世的过往,让心境变得柔和细腻起来。抬眼然后看着窗外,不知何时,桂花已经轻盈而开,绽放在绿意盎然的树枝叶梢,那么淡然和悠闲。

　　秋天就这样来了,迎着暖暖的微风,带着浅浅的花香,从容自如,没有预约！就像是那树的桂花,突然之间就芬芳四溢,像是让人措手不及的惊慌,但是细想却又是那么婉约静简。

其实许多的花都是从诗词中绽放的,桃花,昙花,茉莉,玫瑰,牡丹,蔷薇,它们缤纷璀璨,各自以美好的姿态走进一阕又一阕的词句里,然后纷繁地盛开,凋谢或者是幽香阵阵。于是季节便被这些花事安排得灿烂,温暖而又简约,醉了流年,醉了光阴,次第馨香!

当然这样的花更少不了桂花,那样朴实的姿势站成一种四季常绿的守望,如果不是因为秋的邀约,轻轻地走过,或者你还真的能够忘记它的存在,但是秋天来了,它却悄然绽放了最清简的容颜,令人欣喜而又雀跃起来。

二

记忆总是能够铺排一些淡然和美好,就像小院里的那棵桂花树,在童年的时光里充盈而又璀璨!

儿时的我最喜欢站在那棵高大的桂花树下,透过细碎的桂花叶看着远处的天空,然后想象着嫦娥孤独而又忧伤地抱着她的玉兔,遥望着人间,把一腔的相思和愁绪都深深地埋藏在心底！于是想到这里便会轻轻地落下泪来。于是儿时的记忆桂花树是忧伤的,遥远而又陌生！

秋意微凉的季节,桂花便满院地飘香。那浅浅的黄,总是细致而又纷繁的,花朵小而紧凑,模样娇巧,仿佛可爱的邻家女孩。很是喜欢这样淡雅的气息,温暖的却又如此教人着迷。

淘气的我喜欢使劲地摇着树,然后看着满天的桂花在阳光下飘洒而下,纷纭落地,像似下了一场浪漫的花雨。母亲却是要呵斥我的,说是花期还没有成熟,过早地凋谢了就失了原有的气味了。于是我便趁母亲不在的时候在树底下铺一张凉席,然后爬到树上摇晃着,其实并不

是我刻意地去破坏这样的美好,只是那棵树的花朵确实太多了,多得成簇成簇地缤纷,即使我摇几下,花儿还是依然绽放得如此纷繁和美丽。

母亲却喜欢在花落的黄昏捡拾一地的芬芳,把风吹飘落的花朵细细地掸在一起,然后细心地晾晒,因为那些细碎的花儿是母亲最爱的花茶!

母亲的手极巧,能够把季节的各种花朵收集采摘,然后做成各种各样的凉茶!记忆深处,我喝过菊花茶,茉莉花茶,金银花茶,当然还有桂花茶!而我最喜欢的也是桂花茶,细碎的花朵,却香气馥郁,令人清爽和回味。

秋天在桂花的香气里走近,时光在一年又一年的璀璨里走远,悄然间已经离开小院的那棵桂花树了,但是记忆却依然那么温暖和清新!在秋凉的时节浮现在寂寞的心头,不得离去。

三

江南的秋天来了,一场花事,一份心境,桂花开彻,芬芳四起,寂静了时光,陶醉了往昔。

秋凉的季节,一切似乎都变得沧桑和简约起来,蔷薇凋落,徒留淡淡的遗憾;梧桐泛黄,诗意便漫长而孤单起来。还好有桂花,次第轮回间悄然地凝眸,穿越梦境般的时光,踏尘而来。细细碎碎地,一树的馨香,满地的芬芳。

花开是欣喜,是开始,需要怜取和珍惜。就像人生中的某些际遇,瞬间而至,措手不及,你如果不用心去感知,那么,就会如同花开般璀璨而去,凋零而去,徒留深深的遗憾!于桂花也是,花期短暂,最长的也只有十来天,甚至只有短短的几天。它甘愿涉过这个长长的秋天,绝尘而去,留下的只是几许浅淡的香痕。

或许开放和凋谢只是一个简单的过程,没有预约,没有目的,淡然而开,盛放了容颜,凋零了时光。桂花也是如此,细细地开,不争风情,丝毫没有绚烂的色彩,清静简约地附着在枝丫上,绿叶底下,似乎并不起眼,但是,那缕缕的香气却给了秋天最好的馈赠和温暖。

读到秋天于是便会想那抹淡淡的香,沁人心脾地教人陶醉!而在江南更甚,到处都有这样的树,街边巷道中,河尾廊坊边,寥落的小院里,寂静的老屋旁,时不时地就可以闻到那抹淡香,幽幽地飘拂过来,远远地感觉到若有似无,走得近来才知桂花开彻,满地芬芳!

桂花开放的早晨,就连空气都带着香味的,不用深深地呼吸,便满目的清新。细碎的鹅黄的小花朵儿,簇拥在一起,娇小得令人心疼,在绿叶丛中清爽地笑着,像女子般柔弱,纤细,淡定和美好。而心情便在这些淡雅里柔和起来,云淡风轻地轻简而又从容。

从此记住了那片浅黄,属于黄昏的色彩,或者是属于江南的味道,淡淡的,很温暖!

四

暮色浅淡的黄昏喜欢幻想,就在那些细碎的花香里!

如果会写诗,那么秋意盎然的季节,我会描写那片花香:"你来了,若有似无/欲拒还休/你娇嫩的容颜呵/是季节的邀约/你淡雅的明媚呵/醉了心事,醉了流年/于是芬芳浅淡里你走向江南,走向烟雨弥漫的青石巷!"诗行虽然浅显,但是,却道出了那一地的纷繁!

如果我会谱曲,那么我要谱一曲最动听的歌谣,歌声里有香气缥缈,碎花飘扬。

如果我会一手丹青,那么我就在这个秋季描上一枝桂花,绿莹莹的叶片,嫩黄淡雅的花朵,细碎娇俏。它悄然地立在墙角,或者是小院落

里,或者是窗台外面,静静地绽放,悠然地回眸,带着雨水的湿润,带着阳光的暖意,带着风儿的叮咛,带着云朵的轻盈,时光流逝悄然而去,留下的却是依然芬芳的记忆!

这样的江南,这样的季节,这样的花香,于是,便开始了我随意的幻想,只是那样的幻想是否还开着那些细碎的花呢?因为时光流转,花朵已经随着轻风飘落了,一地的凄清呢!但是那浅浅的香却依然。

"玫瑰香,茉莉香,比不上江南的桂花香,有风香十里,无风十里香,香了小河香山岗,生活处处都飘香",耳边又传来那支轻快明朗的歌声了,依稀间似乎桂花还在盛开,花事依旧纷繁,大街小巷地飘扬着,就像桌子上刚刚泡的那杯桂花茶,细碎的花朵在清澈的水中悠然沉浮着,唱着季节的心事,那么淡定和安然!

呵,江南的桂花开了,真的好香!

淡淡地生活,静静地讲述,情感里涌动着的桂花浓香,它与作者的思想嫁接,飘溢出来的是哲思、理趣、温暖,还有人间之爱与自然之美。

中国的乌镇,是浓厚的人文积淀的、亘古不变的乌镇人独特的生活方式酿成了东方古老文明的活化石,是乌镇人民智慧的传承,只有民族的东西才能恒久。

梦飘乌镇 喻　红

从乌镇西栅服务中心码头乘着乌篷船进入西栅景区,我觉得一下子跌入梦中。我在喧嚣了两夜一天的火车晃动中,进入静谧的夜,被一种古老的氛围包围。这空气中有着太多梦一样的因素,比如缥缈,虚幻。但感受却是真实的,如此刻的我,真真实实地站在乌镇的小桥旁,被盈盈的水包围,竟无法脱身。此刻,我真愿意自己是雾,在缥缈中缥缈。

我迫不及待扑向乌镇的怀里,进入一个千年的梦。

乌镇西栅有 1300 年历史,十字形的内河水系将全镇划分为东南西北四个区块,当地人分别称之为"东栅、南栅、西栅、北栅"。这里的"人家"前门是街,后窗临空于水,有"中国最后的枕水人家"之誉。花岗岩铺就的长条石板路,幽暗狭长。在悠悠岁月里,乌镇人千年走过的脚印把石板磨得锃亮。千年的风雨见识了这在水一方的枕水人家袅袅炊烟,千年民居的木板房,仍然散发着幽香。我想往回走,去聆听昭明书院的读书声。可惜,水无法倒流,时间也一样,我多想让自己的心,化作曼妙的雾,就着千年古巷,千年河道酿造成的浓浓的民俗,去寻觅古老的农业文明。

我从喧嚣中，进入梦的故乡，这片宁静，给了我心灵上的洗涤。人，真的需要有一个宁静的去所，在这里，你心中所有的不安、烦躁、人世纷争都没有去路。千年宅巷的宁静，像过滤器一样，让你宁愿自己就是一缕阳光，一滴雨水，一抹浅雾，一阵风，一片落叶，一棵不起眼的小草。

乌镇，因了这水，因了这毗水而居的人家，展现在今天的阳光下、细雨中，成了诗一样的家园。

国外的游客惊呼乌镇是东方威尼斯，在我心中，乌镇就是乌镇，中国的乌镇！

中国的乌镇，是浓厚的人文积淀的、亘古不变的乌镇人独特的生活方式酿成了东方古老文明的活化石，是乌镇人民智慧的传承，只有民族的东西才能恒久。我们凝视一幅画卷，我们看到我们的祖先在这片土地上，耕种着我们今天看到的文化。我们收获，我们也播种，我们播种是给明天的人们来收获。

我站在通安桥上，望向远处，逆着光，我看到自己的身影，这个影子企图把青石板紧紧抱住，企图要把这千年文脉传承的，连空气都浸润着的墨香，一股脑儿吞进我饥渴的心灵。是的，我的眼睛不够用了，我的脑子也空空如也。真的，此刻，我更愿意自己是一个空空荡荡的小小的空间，这身心里，什么都没有。现在，我想重新填充一个自我，这个自我，清新如水面闪着的光影，像一抹刚刚从水面袅袅漫起的雾，让水载着，顺着这河流，一直向前。

清晨，西栅街巷，我站在通安客栈门前，久久不敢把脚踏上青石板路，我怕我的脚步声惊扰了昨夜乌镇的梦。是的，我看到乌镇的梦了，昨夜，也许是风，也许是雾，也许是今晨的鸟鸣，乌镇的梦就化成几片树叶，安然躺在树旁的青石板上，阳光透过树影，给了它一个红彤彤的拥抱。

这叶子,在春天发芽,丰满了夏天,绚烂了秋天,在这个初冬的清晨,它带着乌镇的四季,走向一种回归。一如乌镇千百年来沉淀的民俗,带着浓重的色彩,回归浪漫的农耕时代。

我爱看乌镇阳光下的水面,闪着金光,星星点点,跳跃。我想,这是乌镇水的精灵,它是乌镇美女的眼波啊。

我喜欢乌镇雨中的街巷,迷迷蒙蒙,诗一样的感受:"现在,我们到一个梦中避雨/伞是低的,也是红的/你的微笑格外鲜艳。"雨帘,让我在乌镇千年的时光里穿梭,体会朴素清秀。

我在乌镇看晨光,我在乌镇看日落。古老的西市河波光粼粼,暖暖的色调,像一条飘动的彩色长绸。时有秋风拂来,心思便也舞动,这心里的旋律合着水的旋律一起飘荡。

赵鑫珊老师的诗《致乌镇人家》写得真好:

家不在天堂

只在水上

那里有身心两安

那里才是

童话般的梦样的

家乡

或许我们都在寻找天堂,精神上的,心灵上的,肉体上的。身心两安,只有到乌镇西栅,你才能找到这种感觉。

阅读提示

标题叫"梦飘",充满了诗意化色彩,和全篇行文内容很

一致。特别是中间部分，作者重在抒发自己的主观感觉，而实景则描摹得较少，这大概也是抒情散文的表达特征吧。

导 语

一两声狗吠，使这种静更有了深度与广度，这种静把周庄静成了一个亦梦亦幻的周庄，这种静让初来周庄的人感到不是到了一个庄子里，而是到了一个失声的世界中。

天堂回韵·················王剑冰

一

水贯穿了整个周庄。

水流动的缓慢，使我看不出它是从何处流来，又向何处流去。仔细辨认的时候，也只是看到一些鱼儿群体性地流动，但这种流动是盲目的、自由的，它们往东去了一阵子，就会猛然折回头再往西去。水形成它们的快乐。在这种盲目和自由中一点点长大，并带着如我者的快乐。只是我真的不知道这水是怎么进来的。

在久远的过去，周庄是四面环水的，进入周庄的方式只能是行船。出去的方式必然也是行船。网状的水巷便成了周庄的道路。道路是窄窄的，但通达、顺畅，再弯的水道也好走船，即使进出的船相遇，也并不

是难办的事情。眼看就碰擦住了，却在缝隙间轻轻而过，各奔前程。

　　真应该感谢第一个提出建造周庄水道的人，这水道建得如此科学而且坚固。让后人享用了一代又一代，竟然不知他的姓名。水的周而复始的村庄，极大程度地利用了水，即使是后来有了很大的名气，也是因了水的关系。水使一个普通的庄子变得神采飞扬。

二

　　我在这里突然想到了一个词：慵懒。这是一个十分舒服的词，而绝非一个贬义词。在夜晚的水边，你会感到这个词的闪现。竹躺椅上，长条石上，人们悠闲地或躺或坐，或有一句无一句地搭着腔，或摇着一把陈年的羽扇。

　　有人在水边支了桌子，叫上几碟小菜，举一壶小酒，慢慢地酌。一条狗毫无声息地卧在桌边。屋子里透出的光都不太亮，细细的几道影线，将一些人影透视在黑暗里。猛然抬头的时候，原来自己坐的石凳旁躬着一座桥，黑黑地躺在阴影中。

　　水从桥下慢慢地流过，什么时候漂来一只小船，船上一对男女，斜斜地歪着，一点点、一点点地漂过了桥的那边。有店家开着门，却无什么人走进去，店主都在外边坐着。问何以不关门回家，回答说，关门回家也是坐着，都一样的。有人举手打了个哈欠，长长的声音跌落进桥下的水中，在很远的地方有了个慵懒的回音。

三

　　黎明，我常常被一种轻微的声音叫醒，一声两声，渐渐地，次第而起，那是一种什么声音呢？推开窗子时，也出现了这种声音。这种木质的带有枢轴的窗子，在开启时竟然发出了常人难以听到的如此悦耳的

声音。

这是清晨的声音,是明清时代的声音。也许在多少年前的某一个清晨,最早推开窗子的是一双秀手,而后一张脸儿清灵地让周庄变得明亮起来。

睡在这样的水乡,你总是能够产生疑惑,时间是否进入了现代。

那一扇扇窗子打开的时候,就好像是打开了生活的序幕,一景景的戏便开始上演。有的窗子里露出了开窗人的影像,他们习惯似的打望一眼什么,有的窗子里伸出了一个钩钩,将一些东西挂在窗外的绳子上,有的窗子里就什么也没有露出来。

晨阳很公平地把光线投进那些开启的窗子里,而后越过没有开启的窗子,再投进开启的窗子里。

四

坚硬与柔软的关系,似是一种哲学的概念,有一点深奥,我的哲学学得不好,我就只有直说,其实就是石头与水的关系。

从来没感觉到石头与水的关系搞得这么亲近,水浸绕着石头,石头泡在水里,不,就像是石头从水里长出来一样,长到上边就变成了房子,一丛丛的房子拥拥挤挤地站在水中,将自己的影子再跌进水中,让水往深里再栽种起一叠叠的石头和房子。

多少年了,这水就这样不停地拍打着这些石头这些房子,就像祖母一次次拍打着一个又一个梦境。这些石头、这些房子也因为有了这水,才显得踏实、沉稳,不至于在风雨中晃动或歪斜。我有时觉得这水是周庄的守卫,为了这些石头,这些房子,每日每夜在它们的四周巡游。有了这些水的滋润,即使是苦难也会坚持到幸福,因为石头知道了水的力量。

五

时间刚刚走过晚八点，月亮也只是刚刚轮换了太阳，周庄便进入了一个无声的状态，像谁关掉了声音的旋钮，不管是走路的、开店的、吃饭的、划船的，都是在一个无声的世界里进行的。

静。静这个字的出现反倒不静了。你简直无法形容那种静，那是一种沉静，深处里的静，是一种寂静，寂寥的静。

一两声水响，一只小船划过，但这绝不是破坏了静，而是更增添了这种静的含量。一两声狗吠，使这种静更有了深度与广度，这种静把周庄静成了一个亦梦亦幻的周庄，这种静让初来周庄的人感到不是到了一个庄子里，而是到了一个失声的世界中。红灯笼渲染成静的另一种颜色，那是黑色的静的调配色。红色的和黑色的颜色落进水里，泛起一层一层的暧昧的光。这种光，便是静的光了。

阅读提示

周庄的水是江南的梦；水声与光影叠成一份古旧的心情，悠闲慵懒；石桥与粉墙画出一段寂静的时光，梦里水乡。

梵高的坟茔 ·············· 范 曾

冬天来到了巴黎，寒风凛冽，木叶尽脱。顺着塞纳河向西北行，满眼是萧瑟的景色。我们驱车向瓦兹河上的欧维尔城疾驰，去寻访我心灵深处的艺术殉道者梵高的遗迹。梵高这位荷兰籍的天生奇才100年前来到法兰西，等待他的是贫困与饥饿。梵高一生卖不出一张画，人们也根本不知道梵高，艺术界汪洋大海般的平庸在压抑着他。他曾在一张画上描绘了一个最粗糙的木椅，破烂的藤座上放着他的烟斗和一张包着些许烟草的纸，它似乎在向我们唱着一首凄凉的身世之歌。艺术既然不能提供面包，那就让需要面包的艺术家速朽，而自裁便是最简捷的方式。梵高拿起了手枪，走到萨都的草坪，向心窝射了一枪。他在华贵的建筑前对这不平的社会用生命做了一次壮烈的抗议。

梵高过着清白无瑕的生活，他没有金钱的刺激，没有女人的诱惑，没有鲜花的慰藉。当罗丹命丰腴清丽的模特儿们在画室翩然起舞时，当莫提格里昂尼对着妩媚而慵懒的美女，在画面上把她们的脸"令人愉快地拉长"时，梵高在哪里？他正对着一片平常的农田，一张破旧的靠椅,一双饱尝人间艰辛的农鞋,画这些巴黎的大师们不屑一顾的事物。在他的画笔下,野地里摘来的向日葵燃烧着火焰,蓝色的野花临风摇曳。这哪里是在依物描像?这是在倾诉爱情,只不过他的情人是隐在大地的草木盛衰中,隐在天穹的日月星辰里。他画的所有画像,那眼神没有一幅不炯炯有神,那其中闪现的光芒有坚毅,有不平,有尊严,充满了对人性的批判和对命运的抗争。

梵高在美术史上的出现确实是一个奇迹。他打破传统审美的藩篱,以神奇的手法、高妙的色彩、超绝的构图,一扫艺术界的平庸浅薄和疏懒惰性。这种画风一经问世,美术史就不得不重写,色彩学甚至美学也不得不修正,这正是梵高留给人间的一个永恒的谜。在梵高死了很多年以后,评论家才像天文学家发现新星一样仰望他,赞叹他。今天所有豪华壮丽的画馆,都以一展梵高的杰作为荣。当一幅《没有胡须的梵高》最后以7150万美金卖出时,举世震惊,欢声雷动,而这一切和寂寞痛苦的梵高毫不相干。

我们来到梵高的坟茔,它坐落在一所极平凡的公墓里,梵高和他心爱的弟弟德奥合葬,两块墓碑,方身圆顶,没有任何纹饰,没有花岗岩的墓室,碑前只有一抔黄土,覆盖着长青的蕃藤。公墓寂然无声,所有体面的、稍微精致的坟茔前都空无一物,然而梵高墓上的碧草却在刺骨寒风中颤动着不屈的生命。可以告慰九泉之下梵高之灵的,不是拍卖场的呼啸,而是放在坟茔四周的一束束的鲜花。这不禁使我想起鲁迅先生的《坟》,总有一些人是不会被人们忘却的。

阅读提示

梵高的故事由范曾来说,角度不一样,品位不一样,思考度、深度、力度也不一样。范曾的文化底蕴,对梵高艺术价值的认识和阐述,对所有人肯定是一次精神的享受。

导 语

从古到今,无数的古人在弥留之际为我们留下了许多发人深省的话语,那是他们用生命换来的体悟!

中国历史上最震撼人心的十句遗言 ·········观博海

常言道:人之将死,其言也善;鸟之将亡,其鸣也哀。人这一生从告别了童年开始就学会了一次又一次的用谎话来维护自己的利益,直到有一天大限将到,那曾经处心积虑所获得的一切在死亡面前都不值一提时,人们才往往会看破人世,才会不加掩饰地说出心中的真实。从古到今,无数的古人在弥留之际为我们留下了许多发人深省的话语,那是他们用生命换来的体悟!

豫让："嗟乎！士为知己者死，女为悦己者容。今智伯知我，我必为报仇而死，以报智伯，则吾魂魄不愧矣！"

智瑶的死纯属咎由自取，但豫让却执意要为他报仇，为了杀掉仇人赵襄子，豫让不惜毁了自己的面容，吞炭烧坏自己的喉咙，想尽了各种刺杀的方法，可还是一次又一次地被赵襄子抓住。赵襄子欣赏豫让的侠义，每一次都不为难他。最后，豫让也知道自己杀不了赵襄子，就要求赵襄子能够让他刺一下衣服，以表明自己为主人报仇的心意。赵襄子答应了他。豫让遂"拔剑三跃而击之"，最后仰天大叫："吾可以下报智伯矣。"然后横剑自杀。据说当时赵国的志士们听到豫让死的消息，皆痛哭流涕。在中国的历史上，像豫让这样的刺客是不为正统所容的，但是他们身上的那种重义轻利，为知己者可奋不顾身的任侠精神却几千年来受到人们的敬仰。豫让是这些人中的代表人物，而他遗言中的"士为知己者死"的豪情足以令后世忘恩负义者汗颜！

李斯："吾欲与若复牵黄犬俱出上蔡东门逐狡兔，岂可得乎！"

谁也不能否认李斯在中国第一个封建王朝——秦朝的建立中所做出的贡献，尤其在统一文字方面，他的功绩更是无人能及。可是谁也不能否认这个满脑子只想着出人头地的家伙，为了自己的荣华富贵又做了多少数不尽的恶事。他残害自己的同学韩非；为了保住丞相的位子，他辜负了秦始皇对他的信任，和赵高合谋篡改遗诏，立了胡亥为二世皇帝。后来，又为了迎合胡亥，屡屡上书附和秦二世的暴政。但即使如此，他还是被同谋赵高陷害了，落了个满门抄斩的下场！在冷森森的屠刀向着他父子而来的时候，李斯对自己的儿子说出了上面的遗言，曾经的轰轰烈烈在这一刻变得一文不值，曾经认为不值一提的生活，在这一刻又变得是那么的珍贵和遥不可及。千年过后，读来让人慨叹：早知今

日,何必当初!

项羽:"天亡我也,非战之罪也!"

曾经攻无不取,战无不胜的西楚霸王在乌江边走投无路,从横扫天下无对手,到连自己的女人都保护不了。项羽短暂的一生演绎了一出经典的英雄悲歌。但是,这位霸王至死都没有明白自己失败的原因,他太过自信自己的力量,而忽视了自身的不足,最终身死国灭,还不自知。实在可叹又可怜!

刘备:"勿以善小而不为,勿以恶小而为之!"

戎马倥偬一生的刘玄德深知细节决定成败的道理,面对着三国并立,唯蜀最弱的局面,他悔恨自己贸然伐吴,致使蜀汉元气大伤,可是已是时不我待了,大限将至,他只得把恢复汉室的希望寄托在自己的儿子身上。这如杜鹃泣血般的遗言正是一位老父亲即将离别之时,谆谆教导着自己尚年轻的儿子。而他不知道他的这句遗言在后世被用来教导了无数的孩子!

宗泽:"出师未捷身先死,长使英雄泪满襟。过河!过河!过河!"

当年的杜甫在武侯祠缅怀诸葛亮时,用自己的想象描摹出了孔明曾经的模样。但他可能没想到几百年后,他的诗句却实实在在地说出了一个人的心声。在收复中原的大好局面下,南宋小朝廷一味地投降退让,不愿还都东京,而且处处掣肘,让宗泽的北伐大业最终变成了泡影。年近古稀的老将军受不了这个打击,病倒了,在弥留之际,他想到了同样壮志未酬的诸葛亮,随口吟唱出了杜甫的名句,但他突然间又仿佛看到了浩荡向东的黄河,看到了黄河岸边整装待发准备北伐的军队,他用尽所有的力气向军队发出最后的指令："过河！过河！过河！"可一切都不过是幻影而已，宋军再也没有能够渡过黄河。但宗老将军高呼的三声过河却激励着岳飞、韩世忠等人与金人殊死战斗，最终保住了南宋的半壁江山！

陆游："死去原知万事空，但悲不见九州同。王师北定中原日，家祭无忘告乃翁！"

86岁的陆游最终没有看到恢复中原之日，在那个"直把杭州当汴州"的年代，除了他，还有谁会想起那已经丧失了数十年的中原失地呢？陆游的一生注定是痛苦的，国家的不幸，自身的不幸交织在一起，让他常心怀郁结。但即使是到了风烛残年，他也不改其志，仍然为收复旧山河而奔走呼告。虽然他的呼声被淹没在西湖的歌舞淫乐声中，但从此他的声音就留在了中华民族的记忆里，每到民族危亡之时，都回响在为国赴死的仁人志士的耳边！

文天祥："孔曰成仁，孟曰取义，唯其义尽，所以仁至。读圣贤书，所学何事？而今而后，庶几无愧。"

南宋王朝的腐朽根本就是无可救药的，但是文天祥杀身成仁、舍生取义的精神却永照史册。在那一刻，他已经不单单是在为一个行将就木的王朝尽忠，而是在用他的死向世人展示中国士人的最高境界。他的遗言道尽了一个读书人读书的终极目的和人生的最终追求，连同他的《正气歌》和《过零丁洋》两篇诗作一起都是永垂不朽的宣言书！

袁崇焕："一生事业总成空，半世功名在梦中。死后不愁无勇将，忠魂依旧守辽东。"

纵然是身陷重围，纵然是粉身碎骨，这个被厌恶他的人称为"南蛮子"的袁崇焕从未改过他刚毅的本性；即使是在含冤受屈，将要被他效忠的皇帝处死，被他浴血奋战所保护的百姓唾弃的时候，他仍然只想着：守护边疆，守护他所爱的国家和人民。最终他死得比岳飞还要冤，还要惨，甚至他的冤案最后是被他的敌人平反的。可是这都已经不重要了，因为在他死的那一刻，一缕忠魂就永远地载入了我们的史册之中！

谭嗣同："有心杀贼，无力回天。死得其所，快哉快哉！"

平心而论，我并不喜欢康有为，也不认为百日维新这种空想般的资产阶级改革真的有什么意义，但我却非常敬佩"六君子"中的谭嗣同。经过明清两代高压的政治统治，已经几乎绝迹的任侠精神在谭先生的身上又闪耀了起来：不成功便成仁，若不能生活在理想的社会，宁愿以鲜血去洗涤黑暗的现实。谭嗣同的不妥协、不苟且、视死如归的精神，为当时麻木的中国人打了一剂强心针！

孙中山："革命尚未成功，同志仍需努力。"

虽然中山先生一生的革命道路是曲折的，而且也曾经犯过这样那样的错误，但是，他想要恢复中华、强我民族的革命精神却是不容置疑的。他的一生都献给了中国革命，从未顾惜过自己的身家性命，每看到一丝共和的希望，他都会倾其心血，付出所有。所以直到今日，他的这句勉励后人的遗言仍可以指导着我们继续向前！

阅读提示

　　作者这样写也算是一种创意。其实，历史人物的这些话，也许同学们都知道，但作为"遗言"，定位为"最震撼人心的"，又正好是十句，这就不一样了。这里面也包含着一些学会写文章的道理。

导　语

　　人类啊，到底是要核武器，还是要安徒生，要生命的美丽？

　　童话的开头，常常是：很久很久以前。

　　很久很久以前，有一个安徒生。

　　很久很久以后，更需要安徒生。

童话与国家 ·············陈祖芬

　　1805年4月2日，有一只用捡来的旧棺材做成的小床上，放上了一个刚刚出生的婴儿。

　　这个孩子不明白他怎么一出生就睡在棺材板上，自然哇哇大哭。

后来,这个叫安徒生的孩子相信丑小鸭也能变成美丽的天鹅。他的笔,好像编织了一个魔法的网,一网一网地捕捞起一个一个童话。

200年后,2005年5月28日,凤凰卫视中文台播出了一台叫作"很久很久以前"的安徒生200岁生日庆祝会。卖火柴的小女孩,不穿衣服的大皇帝,所有读这些童话的人,用欢笑或泪水,给予了安徒生真心的回报。我不知道是人类回报安徒生更多,还是安徒生给予人类更多?

我小时候,有安徒生笔下的小美人鱼为我歌唱,有安徒生笔下的拇指姑娘和豌豆公主为我讲故事。这种难以形容的生命的美丽,叫我祈愿世上的人都能像童话结尾那样:从此幸福地生活在一起。

也叫我后来没有了大时候——我现在好像还在小时候,我的工作室里住满了童话里的人物和动物,他(它)们帮我编织起一张网,捕捉美丽。

我不知道,如果没有童话,我怎么长大?

但是,曾经,我们多少孩子,没有读过童话直接长大了。

为什么长大成人后,就要乖乖地交出人之为人的起码的权利:天真和快乐?

安徒生从丑小鸭变成天鹅以后,受到欧洲各国皇室成员的接见。可见,那时候欧洲各国对童话的欢迎。那时,正是我国的清朝。安徒生喜欢旅行,如果他旅行到中国,皇上或皇后或公公或娘娘,谁会关心卖火柴的小姑娘?清宫读得懂权术,读不懂童话。

不需要童话的年代,就没有想象力,没有年轻,没有活泼的生命,没有生机勃勃的前进。

或许可以做一个专题研讨:童话与国家。

今年的6月1日,首届中国国际动漫节在杭州举行,我们终于开始了想象力大比拼。你也动感,他也浪漫。

童话和动漫的魔力,印证了人类对想象力,对真善美的永远的追求。

5月28日,凤凰台的周末正午播报,有一则从纽约联合国总部发出的报道,关于不扩散核武器条约……

人类啊,到底是要核武器,还是要安徒生,要生命的美丽?

童话的开头,常常是:很久很久以前。

很久很久以前,有一个安徒生。

很久很久以后,更需要安徒生。

阅读提示

作为一个有良知有责任感的作家,对现代科技和现代文明的种种担忧,绝不是杞人忧天。作者呼唤童话,就是呼唤人类的精神世界,就是呼唤民族的文化……

> **导 语**
>
> 自远古而今,千秋万代的人们,可以不懂政治,但绝不可能不懂生活。因此,只要我们活着,炎帝神农就如影随形地陪伴着我们。

厉山本纪
········ 熊召政

厉山在湖北随州境内。大洪山在其南,桐柏山在其北。两山盛名既久,游客多矣。

游历名山大川的人,若来看厉山,肯定会失望。这座山无崔嵬峥嵘之势,亦少修林危涧之姿。绕山而走的姜水,流沫虽活,涓脉却瘦。

尽管这样,中国所有的山峰,无论多么峭拔,多么奇异,都会俯下身来,向这一座小小的厉山,表达深深的敬意。究其因,厉山虽小,却是中华始祖之一的炎帝神农的诞生地。

厉山,又名烈山。2006 年暮秋,我与京城的几位史学家和作家朋友专程前来拜谒。来此者,以朝圣者的心态则可,若以旅游者的身份,则会感到失望。因为山上既无绚丽的景色,亦无情致的古迹。唯一可看的,是一个狭隘的穴洞,传为神农降生于此。

炎帝与神农,究竟是一人还是两人,汉代之前有争论。汉之后始称一人。近年来,名人已成为不可再生的旅游资源,各地争抢激烈。关于炎帝的出生地,亦有歧见,但厉山作为神农故里,却是没有异议的。

炎帝神农早于黄帝,即便在司马迁生活的西汉,亦感到古史难征。所以,在他的巨著《史记》中,有专门的《黄帝本纪》,对炎帝,却只寥寥数笔带过。但是,在民间,炎帝还是保留了不少传说,神农尝百草更是家喻户晓的故事。上古的三皇五帝,虽排法各异,但炎帝总是列名其中,而黄帝阙如。而且,炎黄二祖,不仅有南北地域之分,更有着政经之异。炎帝是华夏农业文明的开创者,而黄帝则是政治文明的奠基者。

当此日,我站在厉山的神农洞前,试图感受上古祖先诗意的穴居,想象这洞前有潺潺不息的清泉。这清泉融入姜水,汇入汉水,流入长江;清泉的周围,都是青翠的楠木林,出入林子的,除了悠然自得的大象,还有围着兽皮、穿着草裙的男女。在人类的童年时代,和谐的自然养育着人类的心灵,诗意像鲜花一样长开不败。一方水土养一方人。像神农这样伟大的祖先,绝不可能在穷山恶水的环境中诞生。

几千年时间过去了,今日的厉山无复当年的美丽。每一个见过神农洞的人,都会觉得这局促的岩洞,不但阴暗,而且潮湿。不要说从中感受诗意,就是品享哪怕是一点点的温馨,也是太高的奢望。但是,只要一想到,我们华夏的祖先就是从这岩洞中走出,然后发明了茅屋、发明了陶器、发明了耒耜、发明了弦琴,并辨识了众多的花木与谷稗,我们的惆怅立刻就会烟消云散,而代之以深深的感恩。

中国的历史,基本上是一部政治变迁史。历代史官,莫不专此为己任。基于此,开创政治制度的黄帝就显得比炎帝重要。但是,更多的人类文明的开拓者,却是活在民间的传说中,这方面,炎帝可称为代表。用今天的褒语讲:炎帝不但是伟大的科学家,亦是勤奋的实干家。自远古而今,千秋万代的人们,可以不懂政治,但绝不可能不懂生活。因此,只要我们活着,炎帝神农就如影随形地陪伴着我们。

从这个意义上说,厉山,是中国远古文明的一个拐点,没有人可以轻视它,更不可忽略它。

阅读提示

　　厉山比不上很多名山,为什么游客多、人气旺,是因为这儿和"炎帝"有关,真所谓"有仙则灵"。作者写这篇文章的价值在于:厉山是远古文明的拐点。这也是全文的文眼。

他们明白,"80后"的烦恼,正是自己的烦恼。因为,"80后"正是他们的孩子。在经历了自己那个时代的苦难后,他们又要与下一代一起来承受新时代的烦恼。

"50后"与"80后"

韩振远

我出生在20世纪50年代末期,是一个典型的"50后",与同龄的朋友谈起我们这一代人时,大家无不感叹,这一代人经历了太多的苦难。

"50后"遇到的第一个磨难是饥饿。"三年困难时期",正是"50后"的幼年时代或童年时代,正是长身体的时候。因而,饥饿是"50后"共同的深刻记忆。对饥饿的恐惧,在"50后"的心灵深处打上了烙印。

"50后"迎来了少年时代的同时,也迎来了他们人生的第二个磨难——失学。1971年冬天的那个凌晨异常寒冷,我像往常一样摸黑走进学校,老师通知我说,我没能被推荐上高中,我头也不回地朝校外走去。从此,我每天都会去做一个少年本不该做的活儿。学校那边的钟声天天响,清脆而诱人,站在家里就能清楚地听到。但我知道,那只是曾经的梦境,现在已与我全无干系。我在农村整整劳动了8年,直到高考恢复后再进入学校。

高考制度恢复，"50后"终于迎来了自己的人生转机。那是一个让"50后"们激动不已的年代，他们看到了从炼狱里走出来的机会。于是，呼啦啦一齐涌上了高考那座独木桥。当重新坐在教室里，望着比他们小七八岁甚至十来岁的年轻面孔时，有一种如释重负的感觉，庆幸自己终于搭上了这班车。

进入80年代，"50后"们从大学毕业，又重新走进社会，开始了与以前完全不同的人生。

现在，"50后"们老了。回顾一生，许多"50后"感慨良多，所有的事似乎都和"50后"过不去。

"50后"们还有更大的苦恼，他们中的大部分人还有一个"80后"的孩子。

"50后"是第一批赶上计划生育的人。在那"花儿香，鸟儿鸣，春光惹人醉"的时代里，他们迎来了自己的下一代，开始了为子女奔波劳碌的历程。在培育下一代的"工程"中，他们采取了连自己也没有听说过的新方法：早在孩子还在腹中时，就有所谓的"胎教"；等孩子出生了，最大的愿望是自己的孩子聪明、有出息，于是，没等孩子话说利索，就开始教孩子学自己或许并不熟悉的唐诗宋词。他们用最功利、最实用的手段，不遗余力地向孩子灌输各种知识。

孩子在一天天长大，从幼儿园到小学，再到中学。自己的年龄也在一天天增长，从青年到中年——渐渐发现，孩子在生活中的位置越来越重要，要接送，晚上要重拾早已荒废的学业，为孩子辅导作业；家里的一半收入要花在孩子身上，越来越多的时间在围着孩子转……但是，对孩子的付出越来越多，孩子却越来越生疏，与孩子交流越来越吃力，似乎隔着一条不可跨越的鸿沟。觉得自己还不怎么老，觉得自己还算有文化，却发现在孩子眼里早已成为"古董"——土气、呆板，没有时代感。

不理解那些并不英俊的歌星,为什么会成为孩子的偶像;弄不懂什么叫狮子座,什么叫金牛座;更不理解这些孩子明明学习成绩并不出色,却大大咧咧,满不在乎……总之,不明白孩子的脑子里都在想什么,现在这些孩子怎么会这样,只好把这一切归结为代沟。

除了交流上的吃力,经济上更感到吃力,好像已不能承受生活之重。拿在手里的钱越来越多,物质也越来越丰富,却感到生活压力像座山一样,越来越重。拼死拼活积攒的那点钱,一遇到孩子的事,便像春天的冰雪一样迅速消融。孩子考上大学后,欣喜之余,才发现自己又被套上一驾更为沉重的马车。

然而,被称为"80后"的子女们却不能理解父母的苦衷,依然在按照自己的方式生活着。他们迷恋网络,崇拜金钱,不像父辈们那样能吃苦;生活上没有自理能力,却那么自信、自负、任性、虚荣。那种用网络、偶像组成的世界,让"50后"们好生迷茫,这些孩子怎么就不知道感恩呢?这难道就是集万千宠爱于一身,自己倾注了大量心血培养出来的后代?

愤愤然之余,更多的是无奈,因为让他们不明白的事一件连一件,接踵而至。好不容易熬到孩子毕业,本以为能卸下肩头负担,孩子却不像自己当年,怀揣一张派遣证,即可分配到工作,从此衣食无忧。学校不包分配,工作要自己去找。工作的压力虽然是孩子的,心理负担却是家长的。为了孩子的前程,他们忧心忡忡,心理压力越来越大。直到有一天,一脸稚气的孩子离开了,走进凶险无比的社会,自己去闯荡江湖,才明白这一代人的不同,孩子并不像自己想象的那么稚嫩。

孩子走了,父母那颗挂念的心却总放不下,没有一件不让做父母的揪心。一家人刚有了自己的住房,买房的借款还清才没几天,又盘算着把家里的那点积蓄拿出来,为孩子在外地买房子。做父母的怎忍心让

孩子一辈子四处飘零？

让"50后"们想不通的是，这些从小在蜜糖罐里长大的孩子们竟以为天下最苦的是他们，毫无来由地羡慕他们的父辈。近日从网上读到这几句，说的就是"80后"的苦恼：

当我们读小学的时候，读大学不要钱；当我们读大学的时候，读小学不要钱。

我们还没能工作的时候，工作是分配的；我们可以工作的时候，撞得头破血流才能勉强找份饿不死人的工作。

当我们不能挣钱的时候，房子是分配的；当我们能挣钱的时候，却发现房子已经买不起了。

……

问：我们这一代到底招谁惹谁了？

读了这样的话，"50后"们肯定会哭笑不得。他们明白，"80后"的烦恼，正是自己的烦恼。因为，"80后"正是他们的孩子。在经历了自己那个时代的苦难后，他们又要与下一代一起来承受新时代的烦恼。

是回忆，还是反思？是憧憬，还是忧虑？"代沟"说也不是21世纪才有，人际关系又是继承和发扬的关系。一切都是历史的命运，我们无法改变历史，但我们能推动历史。个人的命运和国家的命运共同构成了我们的历史责任。

导 语

四周的人再一次哄笑起来。

只有一个人没笑,他就是那个只有半个脚掌的中年人。

他定定地望着眼前的这一切,不知何时,眼里噙满了泪水。

人 证

························ 文 海

在火车上,一个很漂亮的女列车员盯着一个民工模样的中年男人,大声说:"查票!"

中年人浑身上下一阵翻找,票终于找到了,却捏在手里。

列车员朝他怪怪地笑了笑,说:"这是儿童票。"

中年人憋红了脸,嗫嚅着说:"儿童票不是跟残疾人票价一样吗?"

列车员打量了中年人一番,问道:"你是残疾人?"

"我是残疾人。"

"那你把残疾证给我看看!"

中年人紧张起来,说:"我没有残疾证,买票的时候,售票员就向我要残疾证,我没办法才买的儿童票。"

列车员冷笑了一下:"没有残疾证,怎么能证明你是残疾人啊?"

中年人没有作声,只是轻轻地将鞋子脱下,又将裤腿挽了起来——他只有半个脚掌。

列车员斜眼看了看,说:"我要看的是证件,有残联盖的钢印!"

中年人一副苦瓜脸,解释说:"我没当地户口,人家不给办理残疾证。而且我是在私人工地干活,出事之后老板就跑了,我也没钱到医院做鉴定……"

列车长闻讯赶来，询问情况。

中年人再一次向列车长说明自己是一个残疾人，买了一张和残疾人票价一样的儿童票……

列车长也问："你的残疾证呢？"

中年人说他没有残疾证，接着就让列车长看他的半个脚掌。

列车长连看都没看，就不耐烦地说："我们只认证不认人！有残疾证就是残疾人，有残疾证才能享受残疾人的待遇。你赶快补票吧！"

中年人一下就蔫了。

他翻遍全身的口袋和行李，只有几块钱，根本不够补票。他带着哭腔对列车长说："我的脚掌被机器轧掉一半之后，就再也打不了工了，没有钱，连老家也回不去，这张半价票还是老乡们凑钱给我买的呢。求您高抬贵手，放过我吧！"

列车长坚决地说："那不行。"

中年人对面的一位老同志看不惯了，他站起来盯着列车长的眼睛，说："你是不是男人？"

列车长不解地问："这跟我是不是男人有什么关系啊？"

"你就告诉我，你是不是男人？"

"我当然是男人。"

"你用什么证明你是男人呢？把你的男人证拿出来给大家看看！"

周围的人一下笑起来。

列车长卡了壳，一时想不出用什么话来应对。

那个女列车员站出来替列车长解围，她对老同志说："我不是男人，你有什么话跟我说好了。"

老同志指着她的鼻子，说："你根本就不是人！"

列车员一下暴跳如雷，尖声叫道："你嘴巴干净点！你说，我不是人是什么？"

老同志一脸平静,狡黠地笑了笑,说:"你是人?那好,把你的人证拿出来看看……"

四周的人再一次哄笑起来。只有一个人没笑,他就是那个只有半个脚掌的中年人。他定定地望着眼前的这一切,不知何时,眼里噙满了泪水。

用你的矛,攻你的盾,这个故事的戏剧效果就在于它的逻辑力量——让人明白真善美与假丑恶的界限和区别,进而增强判别是非的道德能力。

导 语

抵抗光污染,唤醒人们的"暗夜意识",将黑暗还给夜晚。

将黑暗还给夜晚 ·········黄晓静

世界上已有1/5的人口在夜晚看不到天上的星星,在一些人口比较密集的大城市,这一比例则高达2/3。

随着现代文明的发展，一种持续了几千年的自然状态正在被我们的人工照明所改变。在大多数城市，"人工白昼"已成为普遍现象。现在，城市夜晚的背景天空亮如白昼，到哪里去寻找星星呢？在天空不受光污染的情况下，夜晚可以看到的星星约为7000个，而在路灯、背景灯、景观灯乱射的大城市里，看到的星星一般不会超过30个。大多数城市上空的夜晚，只剩下一团空荡荡的灰雾。

尽管人类目前正经历着全球性的经济危机，但是每天依然会有数千种新的照明系统汇入灯光的洪流，使我们的夜空变得一天比一天明亮，24小时白昼正在变成城市生活的常态。与人口同步激增的城市光柱，大街上愈来愈亮的霓虹灯，高速路上车流汇聚的光海洪流，已经让我们的城市变成一座座"不夜城"。由于市区的夜空太亮，中国最古老的上海天文台，先是从市中心的徐家汇搬到了市郊的佘山。而现在，市郊周边别墅开发以及现代化的道路灯光，又将上海天文台的天文观测点从佘山赶到了浙江的一个叫天荒坪的偏僻野郊。事实上，上海天文台只是近年来不断搬迁的众多国内天文台之一。南京的紫金山天文台、北京天文台等几乎无一例外地重复着这一悲剧，转移到了更偏僻的地区。

城市光污染不仅给天文观测带来了深重的灾难，而且同时也给人类及野生动物带来了潜在的危害。几万年来，人类已经适应了昼夜更替的自然规律，并进化出一套特殊生理机能与认知意识。研究人员已经证实，夜间暴露在灯光下会减少褪黑素的产生，这种激素控制人体昼夜节律的调节，只有当人体处在黑暗中时才会分泌。这会扰乱睡眠和情绪，造成胃肠问题，甚至引起心血管疾病。

曾经，我们把黑夜照明得如同白昼一样，以为能做到真正的夜以继日，就是一种进步；曾经，城市灯火璀璨，被认为是现代化的标志；曾经，一些地方政府为了追求所谓的"夜间经济"政绩,一味走进"一届更比一届亮"的怪圈。"亮化"在使城市变美的同时也给人们的生活带来了一些不利。城市上空刺眼的灯光促使人们不得不将卧室的玻璃窗封起来,或者是装上暗色的窗帘,这种昼夜不分的生活环境,对人的心理会造成损害。据统计,我国高中生近视率近60%,居世界第2位。其主要原因并非单纯用眼习惯所致,而是视觉环境受到噪光污染。

夜晚耀眼刺目的强光波,不仅影响了人的睡眠,还扰乱了人体固有的生理平衡,致使体内大量细胞遗传变性,使不正常的细胞增加,引起人们头晕、烦躁、失眠等。严重的还会导致精神紊乱,甚至患上癌症。24小时的白昼,从根本上改变了人们的生活水平和作息节奏。长期在这种反光条件下生活的人,视网膜和虹膜都会受到程度不同的损害,感光细胞功能受到抑制,造成视力急剧下降,白内障的发病率高达45%。一项研究显示,因夜间工作长期暴露在人工照明之下的女性,患乳癌几率也会升高。

数百万年来,地球上的一切生物都是在自然光的作用下生长繁殖的,现在的照明对自然界是一种非常严重的干扰。一个单独的光源,例如一座灯塔,会使局部的生态系统失去平衡。而道路的照明则生成了一些人工壁垒,在更大范围内将生态系统割裂开来。可以说,灯光有时会深刻地搅乱生态系统。动物们都不同程度地遭受着夜晚照明的折磨,不论是夜间飞行的鸟类,还是昆虫,甚至还有小海龟!光污染正改变着它们的迁徙、繁殖甚至觅食等各个方面。

科学家发现,一只小型广告灯箱一年可以杀死约35万只昆虫。以萤火虫为例,通常,雌性萤火虫通过腹部发光向雄性告知它的存在。只是这些在黑暗中清晰可辨的发光点太微弱了,一丁点灯光就能将它掩盖,因为5000只萤火虫发出的光才勉强与一支蜡烛的火焰相当!结果

导致萤火虫繁殖困难，并逐渐消失。长此下去，很可能会严重危及昆虫世界的多样性。因为昆虫是大自然食物链上的一个重要环节，比如说鸟类和蝙蝠，就是以昆虫为主要食物的。许多植物是靠昆虫传授花粉的。如果没有了昆虫，必将导致严重的生态灾难。

人工灯光的光点有时可以传到数十千米之外。不少动物虽然远离光源，却也受到光的作用。鸟类在迁徙期最容易受人工光源的干扰，它们原本是以星星定向的，城市的照明光却常常使它们迷失方向。有时候鸟类还误把高楼的灯光当作星星，最后撞死在大楼上。据鸟类学家统计，每年约有 400 万只鸟因撞上高楼上的广告灯而死去。

城市的灯火不再令人梦想。因为在使黑夜退却的同时，公共照明不仅干扰了生物，更重要的是造成了巨大的能源浪费。据统计，一些城市用于夜晚亮化工程的耗电量达到公共照明总耗电量的 50% 以上！现代化城市包括道路、桥梁、商业、景观区等的照明与亮化，使人们从几十千米外就能够看到由此产生的光晕。今天呼吁更新照明系统的提议主要还是考虑节约能源和减少光晕的问题上，这显然不够。所以，应在科学发展的指导下，把保护生态系统、节约资源、保护环境，并为天文爱好者保全繁星点点的夜空，几项统筹兼顾，安排城镇的照明和亮化。

庆幸的是一些国家纷纷就光污染制定法律，意大利、英国、法国和斯洛文尼亚等国已经投入了"为黑夜立法"的斗争，他们制定的一些法规为其他国家提供了借鉴。首先是撤换一切"不仅仅向下照射地面"的照明系统。首战目标是球形路灯。现在许多住宅区仍然在使用它们。球形路灯不仅照亮天空，而且由于灯柱遮挡的缘故，照射地面的效果很差。

路灯一般可分为三类。首先是旧式的汞蒸气灯，它们目前仍占路灯总量的近 1/3，而且发光效率低，耗电量大。据估算，完成更换后，同样的照明量可节电 14%。然而这一工程很大,以户外照明每年 3% 的更新率计,最快也要 10 年。

然后是高压钠蒸气灯,一半以上的路灯属于此类,它们的发光效率是汞蒸气灯的 2 倍。最后一种是新型的金属卤素灯,它们也同样高效,但只占路灯总量的 1/10。其特点是发出白光,色彩还原率比钠蒸气灯高。换句话说,在这种灯下,环境颜色就同日光下一样。这比钠蒸气灯发出的黄色灯光更令人舒适,因此,越来越受到中心城区的青睐。

还有一种光源,那就是发光二极管,即 LED。它们的彩色外壳下隐藏着一些半导体,电流通过时就能放出光来。LED 有很多优点,它们使用寿命更长,保养更方便,能达到所要求的即时发光,投射范围更精确,能按需照射某一位置。可惜它们在实验室外的工作效率实在太低,不能装备在公共照明上。在实验室内它们的发光效率相当高,寿命可以达到 50000 小时以上。而目前其他最好的电灯也只有 20000 小时。但 LED 的上述寿命必须恒定在 25℃ 的环境中才能达到。在实际使用中,电流经过时的能量损失以热量的形式表现出来,可以使它们的温度上升到 130℃,于是它们的效率变得非常的低,寿命也不会超过 10000 小时。这使得 LED 目前只能用于一些装饰性的场合,但 LED 技术一旦成熟,它就能独步天下。

对于动物和植物来说,夜晚最好没有任何光亮。但是不要忘记,人类是喜光动物。这些照明首先是为了我们而设计的,似乎是用来消除人类自古以来对黑暗的恐惧。我们难道不是在不自觉地按照一个城市的光明程度评判它的文明度乃至安全性吗?为了击退黑暗,全球大大小小的城市都渐渐亮起了灯光。为了在保护生态系统、节约资源、显现星空和消除对黑暗的恐惧之间找个平衡点,科学家提出了一些方案,如划分不同的照明区域,或根据当地环境需要设定照明日程表。比如说,

一个处于候鸟迁徙路线上的城市可以通过安装功率调节器,在迁徙季节的夜晚将灯光调暗。人类眼睛能够很好地适应昏暗环境。如果把晚间照明的强度降低一半,我们几乎注意不到。也有一些更加彻底的解决方案,例如在深夜熄灭所有灯光。一些特殊区域,如天文台周边地区采取这一措施,可以保护那里的星空。另外,一些城市目前正在试行从凌晨1时至5时关闭公共照明的"熄灯"制度,这一措施得到了当地居民的认可,而且也没有造成犯罪率上升。

2009年的"国际天文年",其中一个重要的主题正是抵抗光污染,唤醒人们的"暗夜意识",将黑暗还给夜晚。同时,世界自然基金会(WWF)也在2010年3月27日发起"地球1小时"活动,呼吁公众在3月27日晚上熄灯1小时。

阅读提示

  大气污染、水污染、土地污染,现在又有一个新的污染源引起了人们的关注,那就是光污染。光亮是城市的同义语,城市是现代文明的集中载体。该文是对现代文明的又一次审视与反思,它再一次启示我们:人类是自然万物里的一分子,万物生生不息,各自平等庄严,人类不能将自我视为宇宙唯一的尺度。我们受惠于自然,因自然而存在。对大自然,要有谦卑的惜物之心,否则,我们将失去的不仅是星空,而是整个地球。

养育我们人类的，不是城市，而是正在被宰割的乡村。

没人再像我舅舅一样种庄稼了 ············ 言　子

至今，很难有像我们前辈那样耕种的庄稼人了，也难以寻找到一处纯粹的乡村了。她已经被现代工业，被现代人的贪婪，蚕食、宰割得所剩无几，最终会被那些腰缠万贯的受益者一点点吃尽。我游走的乡村，早已面临着这样的命运，她离城市不近不远，理所当然要成为官商的囊中物；我游走的乡村，是被命名了的，什么莲花寺路、圆通街、园艺路，农人的门上，是挂了门牌号的；我游走的乡村，不久将是一条条街道，车水马龙，人声鼎沸，是现代城市人的"乐园"！

每当游走在这样的乡村，站在将要被砍伐的松林边，我就开始遥望过去的乡村，遥望故乡的那片土地。那是一片纯粹的农耕图景。我看见我的舅舅，以及像我舅舅一样的农人，他们在那里生活、耕作了一辈子。

我舅舅从来没有离开过乡村，也没进城打过一天工，他走得最远的地方，就是宜宾，不是去闲逛，是挑着担子下宜宾，我们叫"下城"。那担子里，不同的季节有不同的货物，李子、红橘、鸡、鸭、鹅等。卖完这些东西，舅舅从来不逛街，但他会找一家小馆子进去，坐下来，要上半斤锅贴饺、半斤猪耳朵、二两烧酒。我舅舅把空箩筐放在墙角，坐在四方桌旁，从容、自在地喝酒吃饭。这是他劳作后对自己的犒劳，那样惬意、满足、愉快。然后，他挑着空箩筐离去，走在一条蜿蜒起伏、通往"家"的石板

路上。一路是满目的庄稼、竹林、树木,绝对没有现代文明的尘埃腐蚀他的双目。走到家已是黄昏,舅舅可能还要去坡上干活,或是去井边挑几担水,晚上九点多钟,一家人吃夜饭。第二天早上,又去坡上劳作。

农闲,舅舅喜欢赶场。赶场那地方,巴掌那么大一点,舅舅上了街一头扎进小酒馆,几个酒友,坐在酒馆里喝茶喝酒,散场了再回去。除了谈农事,谈社会,谈当下的一些现象,他们一边喝酒,一边还谈论古人,那都是古书上写着的。没有尽兴,舅舅把朋友带回家,舅母就忙着做下酒菜,两个人坐在敞亮的堂屋,谁也不会干扰他们,四周是水田,是覆盖着绿色的庄稼,场坝前是一片葱绿的竹林,一切都是那样宁静、安然。

天气好的黄昏,舅舅还喜欢坐在场坝读读古书。线装书,发黄,竖排,不知是哪个时代出版的。实在没有事干,他就去坡上去田间转转,看看庄稼和水田,他的心里就很舒服。舅舅其实是一个诗意的农民,不但庄稼种得好,还会享受大自然带给他的乐趣。他一辈子在土地上耕种,生活得不富裕,但很满足。

这一切,似乎都成为了历史,舅舅的两个儿子——安详、安富,年年进城打工,春节才回家几天,他们在异乡奔波来的钱,就把我外公、外婆、舅舅、舅母留下的一座木质青瓦房,变成了一座四四方方的水泥房子。他们,再也不能像他的父辈一样种庄稼,也不能像他的父辈一样享受悠然的乡村生活了。两个表哥打工的钱比他父亲种庄稼多得多,但他们的一生,绝对没有舅舅生活得好,也没有享受过舅舅那样的乡村生活。尽管他们,都是农民。

没有人再像我舅舅一样种庄稼了!

卢梭说:"农业是人类的第一职业:最有价值,最有用,也最高贵。"我们是从来不把农业当作职业的,更不要说它是第一职业。最有价值,

最有用,也最高贵的农业,是一代又一代庄稼人在经营、耕作,而农民在我们国家,是贫穷者、低贱者。他们养育了整个人类,却没有人仰望过他们,连起码的尊重都得不到。他们付出的,实在是太多!

养育我们人类的,不是城市,而是正在被宰割的乡村。

　　作者为我们勾勒了一幅渐渐远去的乡村和乡村农民的生活景象。现代文明的脚步踏碎了乡野几千年来宁静的生活,我们除了无奈中的一声叹息,还能做些什么呢?

导　语

　　我们现在最需要的,是要我们的孩子还能够继续到海边捡贝壳。

捡贝壳 · · · · · · · · · · · 张　炜

　　一位海外朋友说,有一次一个政客在拉选票时,不停地谈今后要怎样为当地搞来更多的钱。当地的一位老太太听着听着就插话说,我们不再需要这么多钱了,我们的钱已经足够花了,我们现在最需要的,是

要我们的孩子还能够继续到海边捡贝壳。

老太太的话让在场的人一愣,随即一片掌声。政客是懵的,一时对不上来,因为他一辈子也搞不懂这是怎么一回事、怎么一种逻辑。

老太太的要求简单至极,而且这么具体:能够让孩子捡到贝壳。她的要求看起来极小,其实很大。因为海边的贝壳没有了,要解决这个问题看来不是个小问题。究竟是怎么将贝壳弄没了的,这可能是一个极复杂和极长的过程。这显然并非是一日之功。所以,老太太的要求看起来小,实际上大得不得了。

海水污染到怎样的程度,又经历了怎样的阶段,老人没有谈得太多。她只是要求捡到贝壳。类似的要求,有的地区还化为了行动。比如有的地方为了保卫自己的生存之地,民众能够一起躺在海滩上,躺在隆隆前进的机器前面,宁可死了也不让开建有害的工厂。这样的民众一个会等于一万个,所以,有没有这个力量大不一样。西方人说"牛奶不好,奶酪也不会好",就是在说民众的普遍素质与管理者的素质,讲这二者之间的关系。

所以,我们平时也需要从讨论"牛奶"开始。可是我们现在很多的时候,仅仅放在讨论"奶酪"上,却忘了奶酪是从哪里来的了。当然,后一种讨论也是必需且紧迫的。

本末岂能倒置?逐末舍本,得不偿失。

纵观几套国文试卷,看得出来,编制者处处扣紧"国文"两字,将中国传统文化的博大精深、绚烂多彩以试题的形式呈现出来,忠实地贯彻了课程标准的要义。

机心独具的台湾国文试题········· 王　丽

我曾经辗转找来了几套台湾的国文卷子细细琢磨。

这一琢磨,便看出一点门道——端的人家玩的是"中学为体,西学为用"!

请看"台湾 2001 年大学联考国文科试题"选择题部分之第 9 题:

"请名人代言"是提高广告说服力的好方法。下列四则广告标题,如单就文字意义,寻找背景相契合的古代名人来代言,则最不恰当的组合是:

A.请庄子代言"自然就是美"。B.请子路代言"心动不如马上行动"。C.请苏秦、张仪代言"做个不可思议的沟通高手"。D.请司马光、王安石代言"好东西要和好朋友分享"。

笔者一看这道题便忍不住发笑——设计得太巧妙了,堪称机心独具。一时间,笔者脑海里甚至浮现出考场上那些本来面色凝重的考生们读到这道题时脸上美丽的笑容!编制者将古与今巧妙地对接在一起,融会贯通,造成一种反讽的戏剧效果,令考生在解颐之余体会到解题的乐趣,也令笔者开了眼界——原来标准化考试竟可以玩出这种效果!如果说这是文字游戏,也是相当高级的游戏了。当然,这道题答案是"D"。

再来看看另一题:

罗董事长的三位朋友分别在今天过七十大寿、乔迁新居、分店开幕。如果你是董事长的秘书,下面三副对联该如何送才恰当?

(甲)大启而宇,长发其祥 (乙)交以道接以礼,近者悦远者来

(丙)室有芝兰春自永,人如松柏岁长新

A. 甲送乔迁新居者;乙送分店开幕者;丙送过七十大寿者。B. 甲送分店开幕者;乙送乔迁新居者;丙送过七十大寿者。C. 甲送过七十大寿者;乙送乔迁新居者;丙送分店开幕者。D. 甲送过七十大寿者;乙送分店开幕者;丙送乔迁新居者。

答案是"A"。

笔者看了2002、2003、2005年三套联考国文试卷,像这样有趣的题目比比皆是,如2002年第一部分选择题中的第6题:

"城中好高髻,四方高一尺;城中好广眉,四方且半额;城中好大袖,四方全匹帛"是一首汉代流行的歌谣。下列文句,与其意义最接近的是:

A. 人弃我取,人取我予。B. 入乡问禁,入境随俗。C. 风行草偃,变本加厉。D. 追求时髦,风尚互异。

答案是"C",但一不小心会选了"D"。此题将汉代歌谣与成语对接,创造出一种奇妙的间离效果。

又如2003年联考国文试卷第18题:

下列各组词中引号内的字,所指颜色系相同或相近的选项是:

A.看朱成"碧"/金魄"翠"玉。B.青红"皂"白/"玄"端章甫。C."缟"衣白冠/玉貌"绛"唇。D."丹"枫白苇/"赭"衣塞路。E."缁"衣羔裘/"黔"首黎民。

答案是 A、B、D、E。

这些题目的高明之处尽在不言之中。

纵观几套国文试卷,看得出来,编制者处处扣紧"国文"两字,将中国传统文化的博大精深、绚烂多彩以试题的形式呈现出来,忠实地贯彻了课程标准的要义。凡经史子集,诗词歌赋,戏曲歌谣,成语对联,以及现代诗歌小说散文等,均被编制者搜入"囊"中。而且,古今上下,信手拈来,相互佐证,彼此融通。整套试卷涵盖了中国语言文字、文学、文化、思想等各个方面。

而在这些表面的背后,笔者能够感觉到,编题者的出发点在于通过考试来发掘、发现学生潜在的国文素养,激发他们的想象力和创造性,并使他们体会到中国语言文化的博大精深和绚丽多彩,培养对母语的感情。

阅读提示

传统文化,现代色彩,情趣学习,智慧开拓……这是考试的方法,也是教育的艺术。

导 语

　　他终于想出了一个办法。这个办法就是让儿子每天放学回家后,把一天所学转教给他,儿子当老师,他当学生。

北大有多远 · · · · · · · · · · 李祥华

　　他们是村里唯一把儿子送到城里上学的家庭。

　　山里学校条件差,教师水平又浅,还让家里的地分着心,从没教出过有出息的学生来。他们怕耽误了儿子,就送到城里去。

　　妻的一个表妹嫁在城里,帮儿子联系了学校,还让在她家吃住。可事不遂人愿,妻的表妹因丈夫有外遇而服毒自杀。儿子自然不能再去她家吃住。儿子在城里上学成了问题。

　　他们夫妻商量来商量去,最后决定丈夫去城里,一边打工,一边照顾儿子上学。

　　他到一家建筑工地干小工。那家工地每天中午管一顿饭,可他从不在那里吃。下了班赶忙往"家"里奔,给儿子做饭。每顿都做一份可口的饭菜给儿子,他则吃点煎饼、咸菜。不知道什么原因,儿子升入四年级后,成绩急剧下滑,一下子由前五名滑到了中下游。他急了,先是劝说,继而便打,把儿子白嫩的屁股打得血红肿胀。儿子趴在床上疼得哭,他则在一旁心痛、失望地抹眼泪。

　　他想辅导儿子,拿过儿子的课本,才知道根本辅导不了四年级的儿子,他想像城里人那样请个家教,可他干小工挣的那点钱,根本请不起。

　　他愁得吃不下饭睡不着觉,烟一根接一根地抽,叹息一声连着

一声。

他终于想出了一个办法。这个办法就是让儿子每天放学回家后，把一天所学转教给他，儿子当老师，他当学生。

年幼的儿子觉得好玩，一下子提起了兴致，上课再不交头接耳，搞小动作，眼睛瞪得老虎似的，巴不得把老师讲的每句话都记住，以便晚上好教父亲。

晚上，儿子老师样地讲，父亲学生样地听。父亲有不懂的，就问儿子，儿子有的会，有的也不会，但儿子从不说不会，却反过来凶他，这么简单的题都不会？父亲就羞愧而无奈地点点头。儿子还会说，自己想去，明天再告诉你。父亲心里笑笑，并不点破，就一边想去了。第二天晚上，儿子准会把那题详细地给父亲讲一遍……

渐渐地，父亲能问住儿子的问题越来越少。小学毕业，儿子竟考了全校第二名。初中三年，儿子每年都考第一。

儿子以全县第一名的成绩考入高中后，变得懂事了，理解了父亲这些年来的苦心和艰难，就对父亲说，您今后不要再陪我学了，我长大了，我会努力学习的，您放心就是。

父亲欣喜地连连点头，可晚上照样让儿子教他。

儿子再不忍心父亲陪他受罪，想了想说，我每晚回家后，把学的东西背一遍给您听，您认为可以了，我就睡觉，您认为不行，我就不睡觉，继续学，直到您满意为止……

儿子的懂事和体贴，让父亲泪眼蒙眬。

从此，每天放学回家后，儿子的第一件事就是向父亲复述当天所学，每次考试，都把试卷拿给父亲看。

儿子以全县第一名的成绩，考取了北京大学！儿子成为他们镇有史以来第一个考上北大的学生。

阅读提示

"他终于想出了一个办法"，这是一个教育儿子的办法，也是一种教学的方法。这多少能给千万个家长提供一点成功教育的启示。我们并不赞成家长都不惜一切代价让孩子在应试道路上拼命去竞争，但教育孩子确实要讲一点科学的方法。

导 语

透过中国差生王楠子到美国变成天才这个事件，我们看到今日中国之教育有的是神魂颠倒的教育，有的是失魂落魄的教育。在这种教育下，教育的精魂已经不复存在。

"中国差生"与"美国天才"⋯⋯⋯⋯徐迅雷

在国内他被教成水泥脑袋，到美国他被育成年轻天才。他叫王楠子。8年前，他是上海某中学一个"标准的差生"，经常被老师"重点关照"，无奈之下赴美求学；8年后，他成了全美动画比赛个人组冠军，并被老师表扬"是个天才"。王楠子如今是费城艺术学院的大四学生，是该校动画专业最出色的学生;通过在动画领域的开拓,他甚至已在美国贷款买好了一幢三层小楼。

透过中国差生王楠子到美国变成天才这个事件,我们看到今日中国之教育有的是神魂颠倒的教育,有的是失魂落魄的教育。在这种教育下,教育的精魂已经不复存在。著名旅美教育学专家、《"高考"在美国》一书的作者黄全愈先生,亲见亲历并比照分析了中美教育根子里的不同。他说:中国学校对孩子进行"考试",目的是为了发现问题,淘汰之;美国学校对孩子进行"考试",目的是为了发现问题,改善之。"中国差生"王楠子就是被中国教育、中国考试所"淘汰"的;而"美国天才"王楠子,正是被美国教育发现、改善、培养起来的。

"'差生'都是冤假错案",这话真的没错。"差生"王楠子,虽然同学都觉得他很聪明,却"经常闯祸","被老师重点关照":上课他爱接小茬、爱开玩笑,课外他爱拉小提琴、爱踢足球——一次老师把体育活动课改成正课上,王楠子带头当场起哄。他调皮叛逆,屡教不改,让老师感到无比头疼,他甚至被班主任老师安排一个人坐在教室里的最后一排。有人说:"一些老师对学生不是互相探索,而是互相折磨。"即使当时中国老师没有"折磨""调皮捣蛋"的王楠子,即使这些老师都是和颜悦色的好老师,他或她也不会想到把王楠子培养成什么"动漫冠军",甚至想都不敢想。因为那是背离现有制度,背离统一标准,背离既定目标的。

中国教育为什么泯灭学生个性?因为它是格式化的教育。格式化的中国教育,是"万山不许一溪奔"的,大家都要成为被大坝牢牢挡住的水库里的静水死水。格式化的中国式教育,抛弃了"百花齐放",折腾的是"百鸟朝凤",全都朝拜高考这一只"凤凰"。而真正的优质教育,一定是百花齐放的,更准确地说还不是"百花齐放"而是"万花怒放",不是追求时间空间上的"齐整""整齐"。

从根本上说，"中国盛产差生"，这实在不是具体的老师、具体的学校的责任。我们的老师首先就是中国式教育的受害者。在现有制度环境里，他们也只能以失魂落魄的教育神魂颠倒地来教育我们的孩子，以及老师们自己的孩子。早在 1933 年，鲁迅先生曾说："我以为师如荒谬，不妨叛之。"鲁迅当时是就师道过于尊严而言的，现在已非师道尊严问题，师之荒谬的实质，乃教育体制制度教育人文环境的荒谬，所以，不必太责备今天的老师，他们统统都是有教、无育的格式化"教育"所培育出来的。他们中的有识之士想"叛之"，也是徒唤奈何。

好的教育是一种长期的人文熏陶和精神滋润，在教室里，在教学中，那种人文气息和精神气息是"暗香浮动"、慢慢渗透出来的，那种香气洋溢了整个教室，沁人心扉。在美国，王楠子从未受到老师的批评，一次他"插嘴"，当场纠正了美国中学老师的一个错误，没想到老师当场就说：你真是个天才。老师这样自然而然地说学生"是个天才"，这正是美好教育的体现，它是"正宗"美国式的，它是长期的人文积淀在好的教育中洋溢出来的馨香。

过去一种粗鄙的偏见，认为美国的基础教育不如中国，只有美国的大学教育比中国好，这真是一种只见表皮不见内质、只见树木不见森林的狭隘之见，甚至属于"只见枝叶不见森林"。相比于中国式教育的严格严厉严酷，以宽松为基本形态的美国基础教育，为美国大学输送的是合格的人才，而我们培育的是大小一致、长短相类的"桶中豆芽"。这里的差别，不是中美教育理念之别，不是中美教育技术之别，不是中美教育方式之别，而是中美教育制度之别。教育的制度重于教育的技术，而中国的教育制度恰恰是年久失修的制度。

知识塞满了，智慧荒芜了；智商提高了，见识崩塌了。学得越多的小学教育，是越糟的教育；读得越苦的中学教育，是越坏的教育；在培养

"水泥脑袋"的制度环境里,我们的孩子没有福音。王楠子之外,还有多少天才被中国式教育所埋没?

阅读提示

中国教育和美国教育的差别,有体制的原因,也有文化上的差异,比较是为了学习别人的长处,克服修正自身的短处。美国的基础教育确实也有不如中国的地方,但中国的基础教育应更多地向别人学习,向包括美国在内的发达国家学习。相信中国的教育未来一定是光明灿烂的。

导 语

未来的世界是,方向比努力重要,能力比知识重要,健康比成绩重要,生活比文凭重要,情商比智商重要!

清华校长的忠告 ⋯⋯⋯⋯⋯⋯⋯ 姚 平

清华大学校长曾给毕业生说过这样一段话:未来的世界是,方向比努力重要,能力比知识重要,健康比成绩重要,生活比文凭重要,情商比智商重要!

一

　　方向比努力重要。未来的世界,充满了不确定性和风险性,谁能够在有限的时间里尽早地做出正确的方向选择,那么,谁就将成为这个领域的领头羊、专家或者权威。方向比努力重要。现在是讲究绩效的时代,公司、企业、政府,需要的是有能力且能与企业方向共同发展的人,而不是一味努力但却南辕北辙的人。自己适合哪些行业、哪些职业,有很多东西是先天决定的,只有充分地发掘自己的潜力,而不是总与自己的弱点对抗,一个人才能出人头地。就像现在很多企业,他们相信通过培训和教育可以让火鸡学会爬树一样,方向不对,再努力、再辛苦,你也很难成为你想成为的那种人。

二

　　能力比知识重要。知识在一个人的构架里只是表象的东西,就相当于有些人可以在答卷上回答如何管理企业、如何解决棘手的问题、如何当好市长等等。但是在现实面前,他们却显得毫无头绪、不知所措,他们总是在问为什么会是这种情况,应该是哪种情况等等。他们的知识只是知识,而不能演化为能力,更不能通过能力来发掘他们的潜力。现在很多企业都在研究能力模型,从能力的角度来观察应聘者能否胜任岗位。当然,高能力不能和高绩效直接挂钩,能力的发挥也是在一定的机制、环境、工作内容与职责之内的,没有这些平台和环境,再高的能力也只能被尘封。

三

　　健康比成绩重要。成绩只能代表过去,这是很多人已经认同的一句话。对于毕业后走上工作岗位的毕业生,学生阶段的成绩将成为永久的奖状贴在墙上,进入一个工作单位,就预示着新的竞赛、新的起跑线。没有健康的身心,如何应对变幻莫测的市场环境和人生变革,如何应对工作压力和个人成就欲的矛盾?而且在现代社会,拥有强健的身体已经不是最重要的,健康的心理越来越被提上日程,处理复杂的人际关系、承受挫折与痛苦、缓解压力与抑郁,这些都将成为工薪族乃至学生们常常面对的问题。为了防止英年早逝、过劳死,还是多注意一下身体和心理的健康投资吧。

四

生活比文凭重要。曾经有一个故事,说有个记者问放羊的小孩,为什么放羊?答:为了挣钱。挣钱干啥?答:盖房子。盖房子干啥?答:娶媳妇。娶媳妇干啥?答:生孩子。生孩子干啥?答:放羊!记得去年在人大听一个教授讲管理学基础课,他说你们虽然都是研究生,但很多人本质上还是农民!大家惊愕,窃窃私语。他说你们为什么读研究生,很多人是不是想找个好工作,找好工作为了什么,为了找个好老婆,吃喝住行都不错,然后生孩子,为了孩子的前途更光明,这些不就是农民的朴素想法吗?哪个农民的父母不希望自己的子女比自己更好?你们很多人是不是农民思想?什么时候,你能突破这种思维模式,你就超脱了。

五

当这个社会看重文凭的时候,假文凭就成为一种产业,即使是很有能力的人,也不得不弄个文凭,给自己脸上贴点金。比起生活,文凭还重要吗?很多人找女朋友或者男朋友,把学历当作指标之一,既希望对

方能够给他/她伴侣的温暖与浪漫,又希望他/她知识丰富、学历相当或更高,在事业上能蒸蒸日上。我想说,你找的是伴侣,不是合作伙伴,更不是同事,生活就是生活,这个人适合你,即使你是博士,他/她斗大字不识一个,那也无所谓,适合就会和谐融洽,人比文凭更重要。很多成功的人在回头的时候都说自己太关注工作和事业了,最遗憾的是没有好好陪陪父母、爱人、孩子,往往还伤心落泪,何必呢,早意识到这些,多给生活一些时间就可以了。我们没有必要活得那么累。

六

情商比智商重要。这个就很有意思了,由 Paniel Goleman,Richard Boyatzis 和 Annie Mckee 合著的《新领导——情商领导的艺术》一书中指出,在新的世纪,情商将成为成功领导中最重要的因素之一。书中举了一个"9·11"的例子。在许多员工和自己的亲人因恐怖袭击丧生的时刻,某公司 CEO Mark Loehr 让自己镇定下来,把遭受痛苦的员工们召集到一起,说:我们今天不用上班,就在这里一起缅怀我们的亲人,并一一慰问他们和亲属。在那一个充满阴云的星期,他用自己的实际行动帮助了自己和他的员工,让他们承受了悲痛,并把悲痛转化为努力工作的热情。在许多企业经营亏损的情况下,他们公司的营业额却成倍上涨,这就是情商领导的力量,是融合了自我情绪控制、高度忍耐、高度人际责任感的艺术。

曾经有个记者刁难一位企业家:听说您大学时某门课重考了很多次还没有通过。这位企业家平静地回答:我羡慕聪明的人,那些聪明的人可以成为科学家、工程师、律师等等,而我们这些愚笨的可怜虫只能管理他们。要成为卓越的成功者,不一定智商高才可以获得成功的机会,如果你情商高,懂得如何去发掘自己身边的资源,甚至利用有限的

资源拓展新的天地,滚雪球似的积累自己的资源,那你也将走向卓越。

七

萧伯纳曾这样说过:在世界上出人头地的人,都能够主动寻找他们要的时势,若找不到,他们就自己创造出来。

阅读提示

早就有教育家说过:考试好不等于能力强;智商不等于智力;人才不等于全才……清华校长的忠告,其实很多是经实践检验的教育真谛。

四、生命里的缘分

什么是生命里的缘分？成功！

李宗盛算不算成功？周杰伦算不算成功？白岩松算不算成功？出名的人当然是一种成功，但仅此，离成功的要旨则相去甚远。为功利而努力的成功，不是错；为理想而努力的成功，更上层楼；为兴趣努力的成功，则又是一境。由理想和兴趣而上升到精神的追求，这才是真正的成功人生。那时的成功，是一种内心充溢着快乐、荡漾着幸福的高度心灵自由。

导　语

　　今天,我们每一个人都占领了一个属于自己的地方,在这一个地方无论成功还是失败,我们都已经拥有了一笔宝贵的财富。

时间是条垂钓的溪 ········· 佚　名

　　常听人说,成功的人和失败的人做的梦不一样。成功的人总是梦见自己在天上飞,从一地飞到另一地,上升下降身心轻飘舒适。失败的人则总是梦见自己被人追赶,直到身后那只手抓住衣角,主人公被吓醒。

　　梦是现实生活的余味,不论它的味道多么奇特,总有其来源。成功的人如同拥有一幅五彩画卷,画卷里包罗天地之精华,一切最美好的人生经验都被搜罗其中,他只需要接受来自无数人艳羡的眼光,然后将它们转化为快乐。梦到自己在天上飞,是高不可攀的自我肯定,是快乐得像在飞的实现。失败的人或者说还没有成功的人,则总是感觉自己的能力不够,即便自己足够勤奋,可能也无法快乐,因为身后有无数的人在超越自己,而自己却怎么也使不上力。那种不可得的无奈就像马力不够的汽车,无论怎么踩油门,却总是爬不上坡巅。

　　小时候,我常常有这样的幻想:数学课上,我想着如果能将高斯的智慧放进我的大脑,那该是多好的一件事。语文课上,我又对莎士比亚的智慧产生了偷窃的想法,吃下一本《哈姆雷特》,说不定我也能写一篇范文出来,杀杀那个恨不得把头翘到天上去的家伙的风头。那个时候,我常常两手一支,眼睛不动,灵魂出壳,发誓要在绵古悠长的历史古迹中找到巨人的智慧星光,并将它们据为己有。每当老师在我头上敲出需要两天才能消掉的大包,同学被我嘴角那两串不争气的口水笑得前仰后翻时,我才羞愧地低下头去,发誓要将书本上那些个字句艰难地刻在我头脑的印痕里。

　　镌刻,遗忘,镌刻,遗忘,重复是人的一个定理。当我进入义务教育的最后阶段时,我明白了每一个人都要在重复记忆和遗忘记忆的过程中绽放理想之花,每一个人都要在不断地受伤和痊愈的磨砺中坚强心灵之基,因为这个时候,贫困与富裕,理想与庸俗开始变得界限分明,一声惊雷会给你劈开两条路,清醒的时刻到了。当我从贫困中认识到勤奋的价值时,我彻底地相信了时间的公平性。我从农村进入乡镇,再从乡镇进入省会,我踩着勤奋的台阶登高远眺,将人生之孔凿成了一个巨大无比的天窗。

　　到达生命的某个时期,我们就习惯于把我们曾经留下的痕迹一个个加以考察。我们体味贫困,体味人生之一粟的悲伤或快乐,所有的一切在今天都只构成轻描淡写的一笔。

　　今天,我们每一个人都占领了一个属于自己的地方,在这一个地方无论成功还是失败,我们都已经拥有了一笔宝贵的财富。

　　假如要为人生赋予一位导师,我愿是时间;假如要赋予这位导师一个美名,我愿是"垂钓的溪"。当它用悲伤、忏悔、哭泣教给我们规避失败的办法,用高兴、快乐、欢笑奖励我们的聪明,并永不厌倦时,我们应

当明白:如君耐着性子,总会在时间这条绵延不绝的小溪钓到人生的鱼。

阅读提示

　　如潮的记忆是时间的波涛,作者的解读方式是那样形象而富有激情,全文以时间之溪为人生意象,字里行间充满人生的悟读和哲理的启示。这样的精短散文,同学们应该反复吟读。

导 语

　　我们具有识别那两个理发师技能高下的慧眼吗?

一个哲学命题 ....郑国耀

　　有这么一个脑筋急转弯:小镇上仅有两名理发师,其中一名理发师的头发干净整洁,而另一名理发师的头发则乱糟糟的。请问,如果你去理发,该去找哪个理发师?

　　多年前,父亲曾拿这个问题考我,我不假思索地回答:"那还用问,当然是找那个头发干净整洁的理发师了。"话音刚落,我就听到了父亲无奈的叹息,看到了父亲失望的眼神。继而,父亲便揭晓了谜底:小镇上只有两名理发师,他们各自的发型当然是由另外一名理发师理出来的。如此推理,头发干净整洁的那名理发师的技术显然比不上那名头发乱糟糟的理发师。在父亲的点拨下,我才恍然大悟。

读中学以后,我终于明白,这不仅仅是一个简单的脑筋急转弯,还是一个哲学命题。"头发干净整洁"和"头发乱糟糟"都是我们看到的现象,他们各自拥有的理发技能才是问题的本质。很遗憾,儿时的我尚未练成透过现象看到本质的慧眼,被表面现象所迷惑,做出了令父亲摇头的判断。

俗话说得好:人不可貌相,海不可斗量。一个在河边钓鱼的老头,竟能辅佐姬昌、姬发父子兴周灭商;一个容貌丑陋、放荡不羁的酒鬼,竟是"竹林七贤"之一的刘伶;一个终生潦倒,混迹于烟花柳巷的公子哥,竟然是开创一代词风的大词人柳永。如果不是有史记载,有据可查,我们很难想到这是千真万确的事实。反之亦然。一个衣冠楚楚、相貌俊俏的帅哥,也可能有着阴险和狡诈的内心,比如秦桧,比如阮大铖。

于是,常有人语重心长地提醒我们,待人处事切不可以貌取人。这句话,有时候,我们记住了,有时候,我们却忘得一干二净。因为,在现实生活中,我们总喜欢以长相、言谈、举止以及衣着打扮来判断一个人。这个毛病,是老祖宗千百年流传下来的习惯,也是我们骨子里根深蒂固的人性之弱。

在前行的道路上,脑筋急转弯中的那两个理发师常常会和我们不期而遇;甚至,会贯穿我们或长或短的一生。在一些问题面前,往往需要我们做出艰难的选择。关键是,我们具有识别那两个理发师技能高下的慧眼吗?

看人不能只图表面,这个浅显平常的道理,一旦到了现实生活中,常常会被人忘记。

导 语

当食物变成了营养,我们传统的生存智慧对于我们应该吃什么这个人生最基本的两大问题之一就失去了话语权。

营养的迷思 田 松

营养,这个词不大,但也不小。每当说起我对肉食和牛奶的拒绝,总会有人表示关心:"那你的营养能够吗?"我相信在人们使用"营养"这个词的时候,所指的一定不是中国传统文化中类似于"五谷之精气"的"营"和"养",而是基于所谓现代科学的营养学的"营养",是诸如蛋白质、维生素、钙铁锌铜等可以表述为某种化学分子式的东西。

美国加州大学伯克利分校的迈克尔·波伦教授注意到,现代人吃的不再是"食物",而是"营养"。也就是说,重要的不是食物本身,而是食物之中所包含的营养。吃豆腐不是为了吃豆腐,而是为了摄取里面的蛋白。

营养学是一种典型的还原论学说。在营养学的有色眼镜里,食物被简化(或曰还原)成各种营养元素,人被简化成为由各种营养素维系的没有个体差异的标准化的生物机器。营养学家相信,他们能够知道,每一种营养素对应着哪些生物功能,或者反过来,每一种生物功能与哪些营养素相关联。比如提高记忆力应该吃什么,提高睡眠质量应该吃什么;哪种营养素可以减少心血管疾病的比例,怎样搭配使皮肤有弹性、有水分,等等。随着科学的进步,营养学可以不断发现营养素和生物体之间更多的关联和对应,不断给出提高和改善各种功能的最佳配方。由于人的个体差异已经被抹平,这些配方当然也被认为是适合所有人的。

迈克尔·波伦在其著作《杂食者的两难》(Omnivore's Dilemma)中说,食物是人与环境之间的中介。所谓一方水土养一方人,人是其环境的产物,在传统社会中,人通常只食用其所生存地域所产出的食物。但是,在当下的全球化大潮中,人失去了与地域的关联,便成为全球化食品工业链条中的一个环节。

当食物变成了营养,我们传统的生存智慧对于我们应该吃什么这个人生最基本的两大问题之一就失去了话语权。以往,当我们的生活发生了特殊事件的时候,我们会本能地请教家里的老人。由老人告诉我们,坐月子、起疹子的时候该吃什么,不吃什么。但是,在营养学成为时尚之后,这个话语权到了穿着白大褂的科学家手里。科学家不断地根据他们在实验室里的最新数据发布关于我们应该吃什么、怎么吃的最新结论。而我们的老人,我一位朋友告诉我,有相当一部分变成了晚报营养科普的忠诚读者,他们不停地告诉他们的子女、孙子女和外孙子女,吃什么好,吃什么不好,应该怎么吃,怎么搭配。他们主动地放弃了自己所代表的传统智慧（很有可能，他们自己所继承的已经不多），通过皈依科学，通过对营养这个词的占有，重新获得了关于我们应该吃什么的话语权。

出于对科学的信赖，人们对营养学也深信不疑。又由于人们相信欧美的科学水平高于我们，人们也不断地期待着最新的尤其是来自于欧美的营养学研究成果，也在模仿欧洲人的饮食时尚。由于配方总是可能在未来更新，所以，实际上，工业化食品的消费者就主动地成了营养学的小白鼠——不但没有报酬，还要自己付费。在三鹿奶粉事件爆发之前，有多少人知道三聚氰胺是什么，又有谁知道多少三聚氰胺会导致结石？不久前看新闻，有这样的句子："根据美国食品及药物管理局的标准，三聚氰胺每日可容忍摄入量为每日 0.63 毫克/公斤体重。"让我对志愿者和实验者的勇气由衷敬佩。三聚氰胺还是不合法的添加剂，那些被营养学所认可的添加剂，又会怎样呢？要知道，现在普遍被质疑的味精、醋精也曾得到过营养学家的认可和推荐。

迈克尔·波伦指出，营养学的最大受益者实际上是日益膨胀的食品工业。每当营养学有一个新的发现时，食品工业就会迅速制造出相应的产品。比如，营养学忽然告诉我们，脂肪吃多了会导致心血管疾病，马上就会有脱脂奶粉应运而生，以满足我们对于完美食品的心理需求。而所谓完美，则是按照营养学的标准，随时更新的——于是产品也得以更新，食品工业的财务报表也随之更新。

迈克尔·波伦还说，营养学制造了一种意识形态，可称之为营养主义。营养主义在食品工业和大众传媒的大力鼓吹下，深入到人们的潜意识之中，使"营养"成为一个大词。对此，波伦提醒人们注意关于营养学的"法国悖论"：法国人吃着所有的营养学意义上的不健康食品，却比恪守营养学原则的美国人更加健康。

阅读提示

这是一篇随笔。随笔也应视同一篇议论文。该文的立论是:在科学旗帜下的营养学原理正一步步地占据着人们的生活方式。但技术自身的局限、悖论,甚至错误,却无人过问。透过一种现象,它背后的本质到底在哪里?作者的"迷思"也是探究,也是质疑,也是警示……

导 语

成年人的第一口诀是:丢开所有借口。

借　口 ·················亦　舒

运动员表现大失水准,失声痛哭,埋怨场内环境过度嘈杂。

可见水平未臻一流。其实任何行业圈子都嘈杂不堪。你以为是在学校图书馆里做功课吗?有人略为高声,即有管理员主持正义:"嘘——"

无论哪种竞技场,都好比马戏班——吓死人,什么怪现象都有:会跳舞的大象,胡须美人,侏儒,空中飞人,小丑……环境恶劣。

可是，你若是心静，沉得住气，也就视而不见，听而不闻，自管自作业。

分心即是学艺不精，不必理会他人是否靠吹捧，或者行头是否成箩，如能做到专注工作，有人在耳边打锣也听不见。

十全十美的环境才能有所作为？那一辈子也别想有任何作为！世界不是那样运转的。

谁家没有生病的老人，成沓的账单，阴险的亲戚，难管教的孩子，加一箩筐的不如意？若都能成为工作不力的借口，地球早已停顿。

宁波人有一句话，叫"自家笨，埋怨刀钝"。成年人的第一口诀是：丢开所有借口。

阅读提示

成功的道路千万条，由借口而产生的理由千万个。成功是一种思维，是一种习惯。只要有了借口，一千个成功的机会都难以抓住。

生命悟读

> 人无疑是有力量来提高自己的生命质量的。

兴趣与生活质量 ················ 钱理群

高中毕业的时候,我在学习经验会上说:学习最重要的是要有兴趣,要把每一门功课都当作精神的享受。学习就是探险的过程,每一次上课都会发现新大陆,要带着好奇心,怀着一种期待感甚至神秘感走进课堂——这可以说是我的第一个独立的学习观、读书观,以后就发展成为我的研究观和对学术工作的一个基本理解与信念。它照亮了我的一生。

永远处于婴儿的状态

怎样使自己始终如一处在探讨、发现的状态,并由此获得永恒的快乐?我可以介绍林庚先生的一个观点以及它对我的影响:那是1984年左右,我刚留校做助教,严家炎老师是系主任,他提出要举办学术讲座,请中文系已经退休的老师来做最后的公开演讲,让我来做具体组织工作。于是就请来了吴组缃、林庚、王瑶、朱德熙这些一流的北大中文系教授,那真是一次辉煌的"演出"。我记得林先生做了非常认真的准备,几易其稿。那天，他的穿着看似朴素，但很美，很有风度。他一站在讲台上，那种说不出的风度，就把大家给镇住了。讲完以后，走出教室，他几乎要倒下了，是我把他扶到家里去的，他回去就病了一场。他是拼着命来讲这一课的。在这次课上，他提出："诗的本质就是发现，诗人要永远像婴儿一样，睁大了好奇的眼睛去看周围的世界，去发现世界的新的美。"所谓"永远处于婴儿的状态"，就是要以第一次看世界的好奇心，用初次的眼光和心态去观察、去倾听、去阅读、去思考，这样才能有不断的新发现。这是非常重要的。

黎明的感觉

梭罗《瓦尔登湖》里面一篇文章，提出了一个概念，叫作"黎明的感觉"。"黎明的感觉"就是每天早上睁开眼睛，你便获得了一次新生，你的生命开始新的一天，就有了黎明的感觉：一切对你来说都是新鲜的，你用新奇的眼光与心态去重新发现。这就是古人说的："苟日新，日日新，又日新。"这样一种新生状态，就是真正的学术状态，或者说是一种最理想的学术境界、人生境界。我们讲"赤子之心"，就是指这样的状态与境界。

我很同意梭罗说的另一句话："人无疑是有力量来提高自己的生命质量的。"外界的环境我们管不了，但你可以有意识地去提高自己生命的质量，通过自己的主观努力去创造一个有利于自己发展的小环境。

我有一个习惯，总是给自己设置大大小小的目标，或者读一本书，或者写一篇文章，或者编一套书，甚至是旅游，我都把它诗意化，带着一种期待、想象，怀着一种激情，兴致勃勃地投入进去，以获得写诗的感觉。我强调生命的投入，全身心投入。我跟学生说，要读书你就拼命地读，要玩你就拼命地玩，这样，你就可以使自己的生命达到一种酣畅淋

漓的状态。我追求这种生命的强度和力度,酣畅淋漓的状态,这同时是一种生命的自由状态。我的全部研究,最终的目的,就是追求精神的自由、生命的自由。

阅读提示

好奇心、新鲜感,这样的品质不仅仅是做学问,而且是对生活美的追求与向往,作者钱理群教授不但学问做得好,而且具有人生的品味和学习、生活的趣味。

导 语

那是一个讯号、一个消息,告诉大家:"我在这里。"

在那生死一瞬间 ·············· 刘 墉

有一年年初,欧洲连降大风雪。在瑞士的一个滑雪胜地,一群人正由高处滑下,突然发生雪崩。十几个人全被活埋在厚厚的雪里,只有一个妇人获得生还。因为——

当她发现无处可逃时,拼全力举起她的滑雪杖。当雪崩之后,人们过来援救时,在一片白皑皑的雪地,看不到任何人影,只见一根滑雪杖的小尖尖,露在外面。

顺着滑雪杖挖下去,看到她,她居然能从6尺深的雪中被救出来,毫发无伤地活着。

据说许多人都因为这样做而获救。因为人跌入冰洞下的水中,无法立刻找回那裂口,而当他把色彩鲜明的帽子或围巾扔在薄冰上时,从水下隔着薄冰,看得见,比较容易摸出落水的位置。更重要的是,人们可以很快地发现"那突然失踪的人"。

最近在《美国国家地理》频道,又看见一个"逐浪求生记"。

节目一开始,引述了海员常说的一句话——"40纬度以下没有法律,50纬度以下没有上帝。"

然后是惊涛骇浪间一艘参加全球航海赛的"挑战者号"和独自驾驶它的东尼·布里莫。

1997年1月4日,在那"没有上帝"的南太平洋中,东尼遇险了。十二级强风卷起排天的巨浪,把他的小帆船打翻。

东尼的手指被舱门切断了,流出鲜血,露出白骨。但在那千钧一发间,东尼做了一件重要的事——

他先用绳子把"求救发讯器"绑在船身上,再将发讯器扔出窗外。船翻了,倒扣在怒浪中。东尼靠着舱中剩下的一点空气和"海水淡化器",忍着酷寒,等待救援。

澳大利亚的海军确实收到了他求救的讯号,但是距离陆地1300里,多快的船,都得好几天才能开到。海上救难机则飞不了这么远。猜想东尼一定活不成,但是澳大利亚皇家空军有史以来最大的海上救难行动还是展开了。

五天之后,他们终于靠着"求救发讯器"发出的讯号,找到那船底朝上的挑战者号,以及居然还活着的东尼。

看完电视,我沉思良久。发现这些求救的人,都有一个共同的特质,就是在那千钧一发时,把一样重要的东西扔出去。那是一个讯号、一个消息,告诉大家:"我在这里。"

这件事,值得我们每个人常想想,并且牢牢记在心底。

谁敢说哪一天,它不能救你一命?

阅读提示

一瞬间的生命之线,惊心动魄之余体现出来的是灾难中的智慧。"急中生智",其实不完全是生存的本能,更是胆识与智力的统一。

 **导 语**

人啊,只有当机立断地放弃那些次要的枝节和不切实际的东西,他的征途才能风和日丽、晴空万里。

示弱也是一种智慧 ·············· 徐　新

在自然界,我们看到这样的景象:山谷中,大雪纷飞,雪花落满了雪松的枝丫,当积雪达到一定程度时,雪松那富有弹性的枝丫就会往下慢慢弯曲,直到积雪从枝丫上一点一点地滑落,这样反复地积、反复地弯、反复地落,风雪过后,雪松完好无损,而其他的树由于没有这个本领,枝丫早被积雪压断了、摧毁了。

一堆石子压在草地上,小草为了呼吸清新空气,享受温暖的阳光,改变了生长方向,沿着石间的缝隙,弯弯曲曲地探出了头,冲出了乱石的阻隔。

在重压面前,松树和小草选择了弯曲、选择了变通、选择了示弱,而正是这种选择,使它们生机盎然。

海滩上有两种不同性格的蓝甲蟹:一种是较凶猛的,从不知躲避危险,与谁都敢开战;一种是温和的,不善于抵抗,遇到敌人,便翻过身子,四脚朝天,任你怎么捣它、踩它,它都不跑不动,一味装死。千百年后,人们发现,强悍凶猛的蓝甲蟹成了濒危动物,而性情温和的蓝甲蟹反而繁衍昌盛,遍布世界上许多海滩。

动物学家通过研究发现,强悍的蓝甲蟹一是因为好斗,在相互残杀中死绝了一半;其次,因为其强悍而不知躲避,被天敌吃掉了一半。而会装死的蓝甲蟹,因为善于保护自己,显示出旺盛的生命力。

我们常用毫不示弱来形容勇敢,但时时处处不示弱的蓝甲蟹却渐渐被自然界淘汰出局。

对于人类来说,面对压力不低头的是有个性的人,而适当地选择示弱、认输、放弃的人则是聪明的人。

瑞典的克洛普以登山为生。1996 年春,他骑自行车从瑞典出发,历经千辛万苦,来到了喜马拉雅山的脚下,与其他 12 名登山者一起登珠峰。但在距离峰顶仅剩下 300 英尺时,他毅然决定放弃此次登峰,返身下山,那意味着前功尽弃、功败垂成啊。而他做出这个决定的原因在于,他预定返回时间是下午 2 点,虽然他仅需 45 分钟就能登顶,但那样他会超过安全返回的时限,无法在夜幕降临前下山。同行的另外 12 名登山者却无法认同他的明智决定,毅然向上攀登。虽然他们大多数到达了顶峰,但最终错过了安全时间,葬身于暴风雪中,让人扼腕叹息。而克洛普经过对恶劣环境的适应,在第二次征服中轻松地登上了峰顶。如果克洛普也一味地追求执着,不顾一切地去实现目标,那么,将遭遇与其他同行者一样的结局。但是,他学会了示弱,学会了审时度势,把握全局,以小忍换大谋,最终他攀上了成功之巅。人啊,只有当机立断地放弃那些次要的枝节和不切实际的东西,他的征途才能风和日丽、晴空万里,才会豁然开朗地领悟"小舍小得、大舍大得、不舍不得"的真谛。

示弱是一种灵性的觉醒,是一种智慧的显现。示弱不是妥协,而是一种理智的忍让。示弱不是倒下,而是为了更好、更坚定地站立。

其实,人生最大的幸运不是我们能一帆风顺,而是我们掌握了不停变通的生存智慧。

阅读提示

"示弱"也是一种智慧?不错!很多时候的不示弱,实际上是一种盲目,盲目的行为与科学的真理相悖,"示弱"实际上也是一种科学的处世态度。

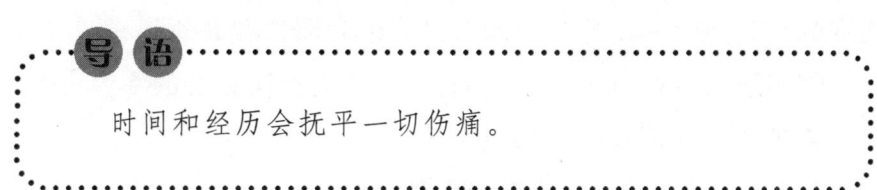

导语

时间和经历会抚平一切伤痛。

人人都该知道的十大人生哲学 ……………仲伟朴　编译

在你知道这些人生哲学之前你会问自己："为什么我这么晚才明白这些道理，为什么这么快生命就走到了尽头？"花点时间想想自己想要什么，需要什么；花点时间去冒险；花点时间去爱、去笑、去哭泣、去学习和原谅。生命往往比看上去更短暂。

下面这十大人生道理你应该尽早懂得：

1. 活在当下。

生命并不是从出生到死亡的这段时间，而是你呼吸着的时时刻刻。现在——此时此地——就是你所有的人生。所以，在生命的每一分钟，都应该生活在充实、善良和平静之中，而不是恐惧和遗憾。此刻你可以尽你所能做到最好，因为谁都指望不住，包括你自己。

2. 一辈子并不长。

这是你的人生，你必须为之奋斗。为你认为对的事情奋斗，为你的信仰奋斗，为那些对于你来说重要的东西而奋斗，为你爱的人而奋斗，记得告诉他们：他们对你很重要。要知道此刻你是幸运的，因为你仍然有机会。因此停留片刻，好好思考一下你还有什么事情需要去做，今天就开始行动。不要等到明天，明日复明日，明日何其多。

3. 今天的牺牲和努力未来都会有回报。

说到为梦想而奋斗——学位，创业，或其他任何需要时间和投入才

215

能实现的个人成就——你先要问自己一个问题:"我是否愿意过几年大多数人都不愿过的苦日子,只为拥有大多数人无法企及的幸福余生?"

4.拖延会让你成为昨天的奴隶。

当你积极主动的时候,昨天就好像一个好朋友,帮你卸下背上的负担。所以,要做什么事现在就开始吧,以后你会感激你自己的,相信我,明天你会为今天就开始行动而感到高兴。

5.失败只是成长的课堂。

那些受过挫折却仍然怀有希望的人,那些尝过失败滋味却仍然拥有信仰的人,那些受过伤害却仍然相信真爱的人,美好的东西终会降临到他们身上。因此,永远都不要为生活中已经发生的事情后悔,这些事情已经无法改变、抹去或遗忘。把这些经历都当作教训,继续有风度地前进。

6.最重要的朋友是自己。

幸福是自己的感受,无需他人的批准。在和周围人建立健康的关系前,你首先得和自己建立一种健康的关系。你要觉得自己眼中的自己是有价值和受欢迎的,这样你在他人的眼中就是一个自信的形象,才能自信地与他人交往。

7.行为见人心。

生活中有一些人总是说话很得体,但是,最后你认清他还是通过他的行为。因此,要注意人们的行为,他们的行为会告诉你关于你需要知道的所有东西。

8.小小善举成就美好世界。

对那些辛苦度日的人们报以微笑。善待他们,善意是这个世界上唯一不会失败的投资,只要有人类就有爱。要学会给予,哪怕只是一个小小的微笑,不是因为你拥有的太多,而是因为这世界上有很多人觉得

他们一无所有。

9. 破茧成蝶的美好生活都有伤痛。

你会失败，会成功，会犯错误，你活着，你在学习。你是人，就不会十全十美。你会受到伤害，但你还活着。想想你还活着，这是多么珍贵的权利——能呼吸，能思考，能享受，能追寻你喜欢的东西。人生的旅途中难免会有悲伤，但也有很多美好。即使受到伤害，我们也要保持前进的姿态，因为我们永远也不知道在人生的转角处会有什么在等待着我们。

10. 时间和经历会抚平一切伤痛。

对于你来说，负面事件之所以这么难以承受，是因为你的人生经历还太少。我并不是说这些经历不重要，只是从不同的角度来看待它们。你要明白的是，现在在你看来足以压垮你的痛苦，随着人生阅历的增长终会成为过去的一部分，在你的记忆中逐渐淡化。

告别过去，心平气和；迎接未来，淡定从容；活在当下，只争朝夕。

导语

　　所谓好文章,总出不了古人两句话,一为"修辞立其诚",一为"辞达而已矣"。

说家常

孙香和

　　老早就听说过虚云,一位老和尚,活了 120 岁。一天逛古玩市场,在一旧书摊上,看到本《虚云和尚方便开示》,花几块钱把它带回了家。虚云和尚乃现代中国禅宗代表人物,曾被推举为中国佛教协会名誉会长。这个小册子记录的,是他 1955 年 5 月至 9 月间,在江西云居山给僧众所作的"方便开示",就是我们说的开讲座,"讲座"上的谈话共四十二篇,其时老和尚已是 116 岁高龄。没翻之前,我想,高僧大德,谈经说法,一定是玄之又玄吧。哪知说的都是些家常话,亲切有味。

　　"世界上人,由少至老,都离不了衣食住三个字,这三个字就把人忙死了。现在时移世易,佛弟子也和世人一样为衣食住而繁忙,耕田插秧一天到晚泡在水里,不泡就没得食,春时不下种,秋到无苗岂有收,可见一粥一饭,来之不易,要花时间,费工夫,劳心力,才有收成。为佛弟子,岂可端然拱手,坐享其成。"

　　"前几天总务长为了些小事情闹口角,与僧侣不和,再三劝他,他才

放下。现在又翻腔，又和生产组长闹起来，我也劝不了。昨天说要医病，向我告假，我说：'你的病不用医，放下就好了。'"

"这几天闹水灾，去年闹水灾也在这几天，今年水灾怕比去年更坏。我放不下，跑出山口看看，只见山下一片汪洋大海，田里青苗比去年损失更多，人们粮食不知如何，我们买粮也成问题。所以，要和大家商量节约省吃，从此不吃干饭，只吃稀饭。先收些洋芋掺在粥内吃，好在洋芋是自己种的，不花本钱，拿它顶米渡过难关。我们要得过且过。"

全无一点玄妙，只是平易示人，说得何等亲切、恳切、痛切，真个是教人"佛法在世间，不离世间觉"。

所谓好文章，总出不了古人两句话，一为"修辞立其诚"，一为"辞达而已矣"，其余种种，何足道哉。最怕看如今文坛上一些大家名家的文章，装腔作势，故弄玄虚。我要说句不好听的话，老和尚这几篇开示文字，怕要比有些名家们的大作好看得多。

将玄奥的道理通俗化、大众化，这才是真正的大师。

> 一个人的涵养来源于他的修养,稍有委屈就想报复,绝不是一个高贵的人的行为。

难道也要踢驴一脚 ⋯⋯⋯⋯⋯ 李　茜

有一天,哲学家苏格拉底和一位老朋友在雅典城里散步,一边走一边愉快地聊天。忽然,有位青年用棍子打了他一下,跑了。他的朋友见了,立刻回头要找那个家伙算账。

但是苏格拉底拉住他,不让他去报复。朋友觉得很奇怪,就说:"难道你怕这个人吗?"

苏格拉底说:"不,我绝不是怕他。"

朋友又问:"那么人家打你,你都不还手吗?"

此时苏格拉底笑着说:"老朋友,你糊涂了,难道一头驴子踢你一脚,你也要踢它一脚吗?"

他的朋友点点头。

这个故事告诉我们,一个人的涵养来源于他的修养,稍有委屈就想报复,绝不是一个高贵的人的行为。在浅薄的人面前,喜欢较真的人只能反衬出自己的浅薄;而懂得忍让的人则能彰显自己的厚重。

苏格拉底有许多类似的哲理故事。智者对问题总有自己独到的见解,不过普通人加强修养也能有智者的认识,只是你一定要在生活中懂得修养对一个人是多么重要!

导　语

一块质地粗糙的生铁在人的智慧与它的分子结构的相互作用下,价值倍增,这一切都源于锻冶该铁块的人的知识结构。

一块铁的最佳用途  佚　名

一个铁块的最佳用途是什么呢?第一个工匠是一位铁匠,这个铁块在他眼里只能做成一块马掌。他把几毛钱的铁块的价值提升到了数元。

这时,来了一个磨刀匠,他对铁匠说:"这就是你在那块铁里见到的一切?给我一块铁,我来告诉你,头脑、技艺和辛劳能够把它变成什么。"磨刀匠研究过很多锻炼的工序,他有工具,有压磨抛光的轮子,有烧制的炉子。于是,铁被熔化,炭化成钢。经过反复的锻冶,那块铁被

他制造成了价值数百元的刀片。

"如果你做不出更好的产品,那么,做成刀片也已经相当不错了",第三个工匠看了磨刀匠的出色成果后说,"但这块铁的价值你连一半都没有挖掘出来,我研究过铁,知道它里面藏着什么,知道它能够做出什么来。"

这个工匠的技艺更精湛,他受过更好的训练,有更高的理想和卓越的意志力,他能更深地看到这块铁的分子——不再局限于马掌和刀片。他将这块铁变成了精致的绣花针,制作肉眼看不到的针头需要比磨刀匠更精细的工序和更高超的技艺。

这位工匠认为,他已经榨尽了这块铁的价值,同时,他已经使磨刀匠的产品的价值再翻数倍。但是,又来了一个技艺更高超的工匠,他的头脑更发达,手艺更精湛,更有耐心,受到过高级的训练。他竟然制造出了精细的手表发条。在别人看来仅值数百元的东西,他却看到了上万元的价值。

故事远没有结束,一个更出色的工匠出现了,他说那个铁块没有物尽其用,在他眼中,即使是手表发条也称不上上乘之作。他知道这些生铁能够制造成一种弹性物质,而一般冶炼人员不具备这个技能。他知道,如果锻铁时再细心些,它就不再坚硬锋利,而会变成一种特殊的金属,被赋予许多新的品质。

用一种犀利的、几近明察秋毫的眼光,这个工匠看出手表发条的每一道工序还可以改进;每一个加工步骤还能更完善;金属质地可以精益求精,它的每一条纤维、每一个纹理都能做得更完美。于是,他采用了许多精加工和细致锻冶的工序,成功地把他的产品变成了几乎看不见的精细的游丝线圈。一番艰辛劳苦后,他梦想成真,把仅值几毛钱的铁变成了价值数万元的产品,这比同样重量的黄金还要昂贵。

但是,还有一个工人,他的技艺可以算是登峰造极了,他的产品鲜为人知,他的技艺也从未被任何字典和书籍所记载。他手里一块铁,精雕细琢之下所呈现出来的东西让手表发条和游丝线圈皆黯然失色。他的产品完成后,你看到了显微手术中用于拨拉神经的拉钩,它的价值远远超出了前面各种产品价值的总和。

一块质地粗糙的生铁在人的智慧与它的分子结构的相互作用下,价值倍增,这一切都源于锻冶该铁块的人的知识结构。

　　层层递进,逐浪推潮,这需要表达的艺术,更需要知识的丰富和积累。

导　语

　　知止,是从心灵出发的;心里这么想,付诸行动,才会成为"行为"。

知　止　·········· 海　岸

李叔同有幅字,就是"知止"二字。我们一般说"知足",我觉得"知

止"比知足境界更高一层。知足是人家给多少,你"虽然不满意,但可接受";知止是自己看着到了某个程度了,伸手去挡住,说:我不要了。

知足是由人的,知止由自己。知足是不贪,知止是不随。知止,简单来说,就是知道什么时候够了,知道什么时候该走,知道"上台靠机会,下台靠智慧"。难不是难在不知道,是难在不舍得,不愿意。

知止,是从心灵出发的;心里这么想,付诸行动,才会成为"行为"。知止,不但是针对"欲壑",懂得说"够了";也要对痛苦、烦恼懂得说,行了,不能再这样下去了。快乐通常短暂,如果不知止,痛苦往往随之而至。烦恼是无所不在,也是会变的,任其驻留,伤害心灵尤甚。那些走上绝路、自我了断的人,其实也是不了解"知止"。

"知止",功夫做到细微处。一念起来,"知止",不被带走;一念消失,"知止",不动如山。

阅读提示

"知止"就是一种胸怀、一种境界。其实,"知止"是需要大智慧的。

> 人不能两次踏进同一条河流。

古希腊哲学家答问 ……………王亦川

有人问古希腊哲学家泰勒斯："你认为人活在这个世界上，什么事情是最困难的？"泰勒斯回答说："认识你自己。"

毕阿斯出生于古希腊普里埃耶城。一次，当普里埃耶城遭到围攻时，居民们纷纷带上自己最贵重的财物四散奔逃，只有毕阿斯一个人赤手空拳。居民们问他为什么这样离开时，他回答说："因为我的一切都在我的身上。"

有人问梭伦："为什么作恶的人往往富裕，而善良的人却往往贫穷？"梭伦回答："我们不愿把我们的道德和他们的财富交换，因为道德是永远的，而财富每天都在更换主人。"

有人问古希腊的庇塔乌斯："最理想的家是什么样子？"庇塔乌斯回答："既没有什么奢侈品，也不缺少必需品。"

有人问赫拉克利特身体健康的重要程度，赫拉克利特说："如果没有健康，智慧就无法表露，文化就无法施展，力量就无法战斗，知识就无法利用。"

有人问赫拉克利特："过去的事情能否更改？"赫拉克利特回答："人不能两次踏进同一条河流。"

有病人问安提丰："活着到底有什么意义？"安提丰说："我至今也没有弄清楚，所以，我要活下去。"

有人问大哲学家亚里士多德:"你和平庸的人有什么不同的地方?"亚里士多德回答:"他们活着是为了吃饭,而我吃饭是为了活着。"

有人问政治家塞涅卡:"道歉有什么好处?"塞涅卡回答:"道歉既不伤害道歉者,也不伤害接受道歉的人。"

阅读提示

哲学是一门智慧的学问,什么是智慧呢?知识不等于智慧,技巧绝活也不等于智慧,甚至学问也不能等同于智慧。智慧是一种举一反三、融会贯通的思想闪射,是在纷繁的万千世界中看到简单的凝练表达。

导 语

　　我没有能力成为别人想要的样子，所以，我只能选择做自己。

我是沉默的人 ·················李宗盛

　　"这世界是如此喧哗/让沉默的人显得有点傻/这些人是不能小看的啊/如果你给他一把吉他。"

　　这是我刚给电台台歌写的歌词。我想说一个我自己的故事。

　　我一直是学习很差的孩子。我在初三那年还答不出$(a+b)$的平方是啥，高中考了两次皆名落孙山。在我成长的青春岁月，学生生涯的十六年当中，一直是挫折的。因为我一直被告知：李宗盛你很差劲，你不会有出息！每次回头想想，仍然觉得那是一段很可怕的经验。

　　当所有的迹象都显示我将是一个失败的人时候，我选择沉默。因为我不知道要说什么，失败的人是没有说话的权力的，当然也不会有人愿意聆听。

　　我没有能力成为别人想要的样子，所以，我只能选择做自己。我开始去想象一个我自己会接受、喜欢的李宗盛的样子，这成了我工专七年最要紧的事。

因为孤独，所以，我能专心去完成自己心中的那个我。也大约是那段时间，我开始弹琴。我一股脑儿地把心里话跟琴说，然后我吃惊地发现外面的世界开始听我了。

我第一首歌叫《结束》。那一年我二十二岁，一面重修电磁学，一面帮家里送瓦斯。

现在我刚过我四十八岁的生日，我挺喜欢给电台写的那段歌词，它跟我当年对自己的安排遥遥呼应，虽然简单一般，但是就当是给自己的生日礼物吧。

也送给所有成长过程中受挫折，沉默着却能相信自己、决定专心致志完成自我的年轻朋友，特别是喜欢音乐的朋友吧。

阅读提示

人生的长与短，事业的成功与失败，绝没有绝对的标准，也不会一成不变，它是辩证的，也是动态的，变化的，发展的。关键是你自己怎么认识，人生道路的进与退、得与失，往往取决于你的态度。

导 语

　　有人说时尚是一种追逐,我说偶尔坚守也是时尚;有人说时尚是色彩,我说对,留一点时间辨别黑白也很重要。

白岩松:冷暖幽默皆有"一智" ·············风 莎

妙评王小丫画作

　　2007 年 11 月,央视举行 2008 年黄金资源广告招标会。在 A 特段招标前,作为主持人的白岩松在主持节目时,特意卖关子留下悬念说,最终中标的两位客户将获得"大师"赠出的神秘礼物,这也将是该"大师"唯一流传到民间的作品。A 特段广告标锤落定,揭标完毕后,白岩松才揭开了传说中的赠礼:两幅画作。一幅是一位书法家的作品,另外一幅水墨修竹,则是出自主持人王小丫之手。面对白岩松张嘴闭嘴的"大师之作",一旁的王小丫显得有点儿不好意思。既然是王小丫的画作初次曝光,白主持总得点评一下吧。幽默的白岩松当即点评道:"小丫画竹的诀窍,其实就是将小丫的'丫'字反复写在纸上即可。"现场笑成一片。

谦虚对荣誉

　　2005 年 1 月,《时尚·先生》评选首届"中国时尚先生",白岩松与万通集团董事会主席冯仑、作曲家叶小纲、著名歌唱家廖昌永、著名导演陈凯歌、著名演员姜文等入选。颁奖晚会上,主持人将白岩松请上台,要他发表获奖感言,他发表了一段艳惊四座的幽默感言。他说:"我今天很有危机感。看到长得非常好看的两位,还有我其他的同事是颁奖嘉宾和主持的时候,我知道我只有领奖了。我今天有三句话:第一句话,非常感谢时尚杂志把时尚先生的奖项颁给我,这是一个非常有幽默感的举动,就像我不会游泳却坐在游泳池旁边。不过,非常感谢时尚杂志让我第一次和时尚沾边了。第二句话,'先生'在我心中是非常伟大而值得尊敬的词,我配不上,但有一点我配得上,我的确是男的,而且目前没打算改变性别。最后要说的是关于时尚,有人说时尚是一种追逐,我说偶尔坚守也是时尚;有人说时尚是色彩,我说对,留一点时间辨别黑白也很重要。感谢时尚杂志,感谢主持人!"他的感言一说完,台下顿时掌声如潮。

豁达避锋芒

2000 年 11 月,白岩松去山东高校演讲。有学生问白岩松:"你觉得你和水均益谁比较受欢迎?"白岩松很实在也很幽默地说:"一个人是一个人,而不是一群人,百花园可爱是因为有各种各样的鲜花。小水在主持有关世界性问题的节目上有长处,连英国首相布莱尔都惊诧于他的提问与语言的流畅。我从不指望被所有的人喜欢,中国人都喜欢的东西只有一个:大熊猫。"

当有人就他的书《痛并快乐着》引起各种评论甚至非议的事情问他有何感想时,他故意苦着脸自嘲说:"我原以为写书是最痛苦的,现在才知道把书卖完才是最痛苦的。"

当有人又将问题延伸,提问道:"王朔今年以'我是流氓我怕谁'的大无畏精神大开杀戒,你也遭受王朔'痛并快乐着'的评价,对此你作何感想?"白岩松微笑着用巧妙的语言回答说:"我可以用'我不是流氓我

怕谁'来说,王朔说话是没办法还嘴的,开始时我还想还嘴,后来我一看他的专栏,哇!'狗眼看人低'。"他这幽默的回答绵里藏针,一语双关,大家纷纷鼓掌叫好!

阅读提示

　　幽默需要与智慧相伴,智慧需要读书的滋养和生活的历练。

导　语

　　我的童年少了许多童趣,流下了许多委屈的眼泪,但是,我现在明白了,没有小时候打下的坚实的基础就没有我今天的音乐成就。

我的梦　············ 周杰伦

　　我出生于 1979 年 1 月 18 日,出生后我非常可爱,我的家庭充满了欢笑。妈妈叶惠美是淡江中学的美术老师,爸爸是淡江中学的物理老师。本来妈妈想培养我的绘画才能,哪知我却对音乐非常敏感,我三岁就自己"录"专辑了,我有模有样地对着家里的一台录音机自唱自录,赢

得了爸爸妈妈和外婆外公的夸奖。

　　四岁那年，妈妈带我去学钢琴，我听了一遍就能复弹出来，老师夸我有天赋，小小的我坐在大大的钢琴面前，总是非常高兴。我的妈妈是一个喜欢追求完美的女人，我上小学后，妈妈为了培养我的钢琴水平，她准备拿出家里全部积蓄为我买一架名牌钢琴，请最好的钢琴老师为我辅导，但是我的爸爸则反对，家里并不富有，再说男孩子嘛，随意一点好。但是，妈妈还是为我买了一架名牌钢琴，弄得我爸无可奈何。我的钢琴老师是台北最有名的钢琴师，他觉得我是块料，对我极其严格，我练的是古典钢琴，每当我弹错一个音符，"啪"的一声，一把折叠扇就会打到我手背上，那时，我的手背总是青的。回到家中，妈妈依然不放过我，为了逼着我练钢琴，她拿着一根木棍站在我后面，一直到我练完琴为止。我的童年少了许多童趣，流下了许多委屈的眼泪，但是，我现在明白了，没有小时候打下的坚实的基础就没有我今天的音乐成就。小学三年级的时候，我又被大提琴忧伤凄美的琴声迷住了，妈妈对于我想学大提琴同样鼓励。于是，小小年纪的我又背着比我高大的大提琴每个周末挤上262路公共汽车去音乐馆学大提琴。

　　就在我如痴如醉学习音乐的时候，我发现爸爸越来越少回家，同妈妈的争吵越来越多，我不知道是为什么，常常发现妈妈独自哭泣。后来我才知道，爸爸有了外遇。妈妈为了挽救家庭，暂时把我送到外婆家里。虽然外婆外公对我非常好，但我依然沉默，不再有说有笑。我崇拜肖邦，却无法达到肖邦的境界，我也崇拜李小龙，曾暗自练习双节棍，整天迷迷糊糊的我学习成绩一落千丈。忧郁的我常常对着外婆家的斑点狗自言自语，实在郁闷时就一个劲地打篮球、打乒乓球，把自己弄得十分疲倦就倒头大睡。

　　上初中二年级时，我最不愿看到的一幕还是出现了，父母离婚了，那一年我 14 岁。妈妈把我从外婆家接回时,我已经变得冷漠而叛逆。高中联考时,我的总分只有 100 多分,连普通高中也没考上,我的人生跌入了低谷。妈妈去找了淡江中学的校长,希望他能收下我,校长摇摇头:"成绩太差,爱莫能助!"妈妈介绍了我的音乐才能,校长告诉我妈妈,淡江中学第一届的音乐班正在招生。回来后,妈妈让我去考试,我弹完钢琴之后,被告知录取了。这一次,我是绝处逢生。

中学的我是中分头、宽版裤,沉默又面无表情,再加上我的学习成绩不好,我的英语老师告诉我妈妈说我有智障。但妈妈并没有指责我,也没逼我学习功课,她说她相信我。妈妈的言行让我渐渐温暖,一天,她在我书包里发现了我的歌曲处女作《天长地久》,那是为我暗恋的一个女孩写的。妈妈看见我抄写工整的曲谱和平时潦草的作业完全是天壤之别,她鼓励说我的音乐肯定会有前途,我笑了,妈妈是学美术的,她对音乐并不怎么懂。

从淡江到台北每天有两个小时车程,我要求爸爸为我买一辆重型 FZR 摩托车,这样看起来才帅。可爸爸说买一辆"小绵羊"代步就行了,我们父子俩就骑安全还是骑帅气争吵了起来,结果还是爸爸让了步,给我买了一辆二手重型 FZR 摩托车。我感觉爸爸依然爱我!

高中毕业我没考上大学,准备了两次考台北大学音乐系最终也失败。郁闷的我颈椎隐隐作痛,时常痛得晚上不能入睡,医生确诊是僵直性脊椎炎,更令人沮丧的是这种病无法根治,只能靠药物缓解。我的人生又跌落到了低谷。

病痛缓解后的我到了一家餐厅打工,老板用我弹钢琴来招徕顾客,生意日渐红火。这个时候妈妈替我在台北星光电视台《超猛新人王》报了名,这是一个鼓励和推荐音乐人的平台。在妈妈的鼓励下,我精心创作了一首歌曲《梦有翅膀》,我对自己的演唱实在没信心,于是请了一位

歌手演唱,我来钢琴伴奏。表演那天,我和演唱者配合十分别扭,弄得台下的听众嘘声一片,我初出茅庐的一场表演彻底搞砸了。主持人吴宗宪是阿尔发音乐公司的老板,没想他看了我的曲谱后对我说:明天你到我的公司来上班吧!这一次,我又绝处逢生!

进入音乐公司后,妈妈总担心我冷漠、不善言辞的性格不会处事,她常常在下班时间站在公司门口,准备了一些可口的比萨、炸鸡送给员工,请他们多多包涵,一来二往,妈妈比我同公司的员工还亲切。我珍惜这次机会,拼命写了很多歌,老板吴宗宪推荐给许多歌星都没人要。最后,吴宗宪决定给我最后一次机会,让我自己演唱自己创作的歌曲,并且要我10天之内写出50首歌!我背水一战,把自己关在办公室写歌,每天由妈妈给我送饭,爸爸也打来电话给我鼓励。吴宗宪选了我自写自唱的十首歌做成了我的第一张专辑《杰伦》,没想专辑一出世便被抢购一空。接着我的第二张专辑《范特西》更加大受欢迎。第三张专辑是我献给妈妈和爸爸的,这张专辑我以妈妈的名字命名为《叶惠美》,第一首歌是写给爸爸的《以父之名》,中间还有一首叫《外婆》,是写给外婆的。这样,这张专辑中爸爸、妈妈、外婆都有了,虽然爸爸妈妈已经离婚多年,但是在我的梦里,我仍然希望我们一家人团聚。

妈妈和外婆总是说我唱歌咬字不清楚,希望我能写一首咬字清楚的有古典意蕴的歌,于是《东风破》诞生了,妈妈和外婆笑着说听得懂了!刚出名时,公司为了增加我的知名度,策划了我同蔡依林的恋情,让媒体炒作,因此,我和蔡依林的恋情实际上是不存在的,只是委屈了她,所以,我主动给她写歌弥补我的歉意;后来我为了宣传我的专辑同台湾电视台的美女主播侯佩岑有了良好的合作,相互都有良好的印象,但最终我们没有发展成恋人,因为妈妈劝我晚点恋爱,最好不要找娱乐圈中的人。

2006年,我在准备新专辑《依然范特西》中,我先后三次去拜访了台湾的前辈歌星费玉清,他是妈妈最崇拜的明星。最后费玉清被我的孝心感动了,欣然和我一起演绎了新专辑的主打歌《千里之外》,同时,我饱蘸浓墨的一首歌《听妈妈的话》也在其中,那是我对妈妈发自内心的感激。9月10日,新专辑台北签名会上,我看见一个小孩背着一个书包,上面写着:妈妈我会用功读书!我的眼泪就掉下来了,我找到那个小孩,亲笔为他签了名,告诉他,听妈妈的话!

阅读提示

周杰伦是很多年轻人崇拜的明星。在艳丽的明星人生后面,明星之路能否给你的人生有另外一方面的启示呢?

导 语

巨大的成功需要两个条件,其中一个是一万小时的累计练习。

你为成功付出了一万小时吗
沈若愚

最近一期的《经济观察报》上刊登了一篇一万字的文章叫作《解构

成功》,作者叫马尔科姆·格拉德威尔,是《纽约客》的记者。文章大意是,据研究,巨大的成功需要两个条件,其中一个是一万小时的累计练习。

毫无疑问,这篇文章是有所启示的,特别是披头士的故事。1960年到1962年末,披头士到汉堡去了五次。第一次,他们演了106晚,每晚五个小时以上。第二次,他们演出92次。第三次,他们演出48次,在台上待了172个小时。最后两次汉堡之行在1962年11月和12月,一共是90个小时的演出。加起来,他们在一年半的时间内演出了270晚。到他们1964年一鸣惊人时,他们大概现场演出了12000小时。你知道这个数字有多么惊人吗?今天的很多乐队,整个职业生涯也没有演出过12000小时。

一万小时的练习是什么概念?是每天练习3小时,也要练习9年多,真正的十年磨一剑。

阅读提示

选择一件事,重复一千遍,遂成习惯。

导 语

　　白天他是一个邮差和一个运送石头的苦力,晚上他又是一个建筑师,他按照自己天马行空的思维来垒造自己的城堡。

当一块石头有了愿望 ......陆勇强

　　一位名叫薛瓦勒的乡村邮差每天徒步奔走在乡村之间。有一天,他在崎岖的山路上被一块石头绊倒了。

　　他起身,拍拍身上的尘土,准备再走。可是他突然发现绊倒他的那块石头的样子十分奇异。他拾起那块石头,左看右看,便有些爱不释手了。

　　于是,他把那块石头放在了自己的邮包里。村子里的人看到他的邮包里除了信之外,还有一块沉重的石头,感到很奇怪,人们好意地劝他:"把它扔了,你每天要走那么多路,这可是个不小的负担。"

　　他却取出那块石头,炫耀着说:"你们谁见过这样美丽的石头?"

　　人们都笑了,说:"这样的石头山上到处都是,够你捡一辈子的。"

　　他回家后疲惫地睡在床上,突然产生了一个念头,如果用这样美丽的石头建造一座城堡那将会多么迷人。于是,他每天在送信的途中寻找石头,每天总是带回一块,不久,他便收集了一大堆奇形怪状的石头,但建造城堡还远远不够。

　　于是,他开始推着独轮车送信,只要发现他中意的石头都会往独轮车上装。

从此以后,他再也没有过上一天安乐的日子。白天他是一个邮差和一个运送石头的苦力,晚上他又是一个建筑师,他按照自己天马行空的思维来垒造自己的城堡。

对于他的行为,所有人都感到不可思议,认为他的精神出了问题。

二十多年的时间里,他不停地寻找石头,运输石头,堆积石头。在他的偏僻住处,出现了许多错落有致的城堡,当地人都知道有这样一个性格偏执沉默不语的邮差,在玩一些如同小孩子筑沙堡的游戏。

1905 年,法国一家报纸的记者偶然发现了这群低矮的城堡,这里的风景和城堡的建筑格局令他叹为观止。他为此写了一篇介绍薛瓦勒的文章,文章刊出后,薛瓦勒迅速成为新闻人物。许多人都慕名前来参观城堡,连当时最有声望的毕加索也专程参观了薛瓦勒的建筑。

现在,这个城堡成为法国最著名的风景旅游点,它的名字就叫作"邮差薛瓦勒之理想宫"。

在城堡的石块上,薛瓦勒当年的许多刻痕还清晰可见,有一句就刻在入口处一块石头上:"我想知道一块有了愿望的石头能走多远。"据说,这就是那块当年绊倒过薛瓦勒的石头。

阅读提示

那个邮差每天徒步奔走在乡间,其寂寞和孤独自不待言;那种周而复始的枯燥,逐渐地消磨他的生命,想想也是悲哀的。于是那块石头出现了。那块石头绊他跌了一跤,可能跌得不轻,于是他注意到了那块石头。那块石头不会说话,但邮差却发现了它的奇异。这世界上,也只有这个寂

窦的邮差才会发现那块石头的奇异之处。那块绊倒他的石头，其实就是邮差自己。这就是这篇佳作的根。

　　文章取材独特，叙述从容，毫无斧凿痕迹，但是，现实主义手法中，又渗透了浪漫主义的色彩，难能可贵。

有工作，就会使人快乐。

最快乐的四个人 ·················· 罗　杰

英国《太阳报》曾以"什么样的人最快乐"为题，举办了一次有奖征答，最后从应征的八万多封来信中评出四个最佳答案：

1.作品刚刚完成，吹着口哨欣赏自己作品的艺术家；

2.正在用沙子筑城堡的儿童；

3.为婴儿洗澡的母亲；

4.千辛万苦开刀后，终于挽救了危重病人的外科医生。

从第一个答案中，我们知道必须工作，有工作，就会使人快乐。

第二个答案告诉我们，要学会快乐，必须充满想象，对未来充满希望。

第三个答案告诉我们要学会快乐，一定要心中有爱——那种无私的、不计报酬的爱。

第四个答案告诉我们，要学会快乐，一定要有能力，要有助人为乐的技能。

阅读提示

哪一类快乐人适合你？八万封信，四个最佳答案，它虽然不能回答人生的全部，但一定能给你以人生某一价值点上的启示。

导 语

这么一想、一比，其实我们每个人都有很多骄人之处呢。

比的"诀窍" ················ 齐　夫

世界上的许多事情都是相比较而言的，正所谓"不比不知道，一比吓一跳"。我们说某某个子很高，是指他和身边的普通人相比，如果和姚明比，他就又成武大郎了；说某某很有钱，也是和周围左邻右舍相比，若和李嘉诚或盖茨比，他立刻就成了很一般；说某某很有才气，那大概是相对于他的同学朋友来说，如果和曹子建相比，恐怕就有点像小学生了，须知人家可是"天下有才一石，曹子建独占八斗"啊！

因而，我们要使自己始终有个好心情，就要会比、善比，选好比的角度,瞄准比的部位,找对比的对象,要以己之长比人之短,以己之优比人之劣,这就会至少比上不足比下有余,而不至于"人比人气死人"。这可能有点阿Q精神,但在这个地球上谁没有点阿Q精神呢?人生在世,横竖就是那几十年,为啥老是自惭形秽,自轻自贱,跟自己过不去,不快快乐乐地过日子呢?

这么一想、一比,其实我们每个人都有很多骄人之处呢。

譬如我吧,我可以和鲁迅比身高。迅翁虽然学富五车,才高八斗,却是五短身材。我固然没法和他比学问,也不能和他比思想,但我却比他高半头,我骄傲!

我和朱军比肤色。朱军是央视名嘴、当家小生,擅长煽情,口若悬河,这我比不了。但我比他肤色浅,尽管我也白不到哪里去,可要是和朱军站在一起,还是颇为黑白分明的,我不能不自豪。

我和王勃比长寿。王勃是初唐四杰之一,诗文并茂,才华横溢,一篇《滕王阁序》就让他名传千古,我自然难望其项背。但王勃20多岁就溺水身亡,我已活过天命之年,看来再活个十年八载也无问题,这一点上我比他得意。

我和孔夫子比外语。夫子虽周游列国,但都是在国语流行圈,他一句外语都不会。我不管怎么说,胡乱还能说几句"洋泾浜",碰到老外,"拜拜""哈罗",打个招呼没啥问题。

我和姜子牙比钓鱼。姜太公钓鱼,愿者上钩,可他的鱼钩是直的,又无鱼饵,钓一天连片鱼鳞都见不着。我每次去钓鱼,都会满载而归。反正都是在人家的鱼塘钓,就跟用网捞差不多。

我和宋祖英比举重。小宋歌唱得好,能绕梁三日,我自愧不如。但她毕竟是一文弱女子,我虽无扛鼎之力,到底还是须眉汉子,在举重这一项上胜出小宋,我有充分信心。

我和启功比跳舞。启功先生能诗善文，书法尤精。但却不喜应酬，更拙于跳舞、唱歌，我却三步、四步都会，如果就此项目和启功先生比赛，我笃定是冠军。

我和葛优比头发。葛优的表演炉火纯青，已臻化境，但聪明的脑袋不长毛，葛优也不例外。如果和我比头发，他肯定要落于下风，虽然我的头发也谈不上郁郁葱葱，但毕竟尚无"不毛之地"。

不过，可千万别反过来比。如果我不自量力，竟和鲁迅比思想，和朱军比口才，和王勃比诗文，和孔夫子比学问，和姜子牙比治国安民，和启功比书法，和小宋比唱歌，和葛优比演技，那可就把我比得一无是处，一钱不值，一穷二白，一塌糊涂了，那就真成了"人比人该死，货比货该扔"了。咱可不能这么傻，拙要藏好，能要露够，有金要往脸上贴，有屎要拉自家田。读者诸君，您想想，是不是这个理？

阅读提示

人是要用智慧驱除人心中固有的魔影的，嫉妒、愤懑、不平……这些看不见摸不着的东西犹如脚底下的钉子，让你迈不开步子。正如哲学家所告诫的：挡住去路的往往不是高山大海，恰恰是脚底下的小钉子。

导语

> 我们快乐是因为我们善良。我们从来不对任何人做坏事。

松鼠的快乐

李 明

春天到了,一只松鼠在树枝上跳来跳去,一不小心,它从树上掉了下来,偏巧砸在一条正在树下睡觉的狼身上。狼一下子蹿起来,一把抓住松鼠要吃掉。小松鼠恳求狼饶命,它说:"行行好吧,求你放了我吧。"

狼说:"好吧,我可以放了你,但你必须告诉我一件事,为什么你们松鼠总是一天到晚快快乐乐,我总是觉得烦闷,看看你们,在树上玩啊跳啊,总是那么开心,这究竟是什么原因呢?"

松鼠说:"你先放了我,让我上树,我在树上告诉你,要不然我心里太害怕。"

狼放了松鼠,松鼠飞快地上了树,站在树梢上说道:"你觉得烦闷是由于你秉性凶恶,凶恶折磨你的心;我们快乐是因为我们善良。我们从来不对任何人做坏事。"

阅读提示

善良的人没有私念的包袱,因此,善良的人往往更轻松、更愉快。

> 原来，不被注意，有不被注意的舒适和快乐。

不被期待的快乐 ....吴淡如

我认识一对兄弟。哥哥是知名企业的科技人，弟弟是摄影师。

兄弟俩生长在同一个家庭里，两个人的个性、口才截然不同。哥哥很会说话，很有领导能力，书也一直读得很好，各方面才艺都很杰出，运动方面也很出色。弟弟跟哥哥念同一所学校，比哥哥低一个年级，压力一直很大，老师们都会说："啊，你是谁的弟弟对吧，你哥哥都怎样怎样……"

更糟的是哥哥还长得比他帅哩。

不只在学校有压力，在家里也一样，闯了一点小祸，妈妈会不经意地说："跟你哥哥学学，你哥哥从不让我操心的。"拿了中不溜儿的成绩单回家，爸爸也会摇摇头说："咦？你哥哥没怎么费劲，成绩就很好呀，书有这么难念吗？"

他不是不努力，可是无论他怎样努力，就是没有办法赢得"你跟你哥哥一样优秀"的口碑。

哥哥像一座明亮的灯塔，而他只是一支虚弱的烛火罢了。

哥哥考上明星高中，大学也念了第一志愿。而他竟然连一所公立高中都考不上。

爸爸说："好吧，家里只要有一个人念大学，我就不算辜负老祖宗了，随便他怎样。"他便选了他唯一感兴趣的高职美工科。

哥哥又念了硕士，进入一家电子公司，成为科技新贵，让父母引以为豪；他高职毕业后发现自己对摄影比较有兴趣，就应聘了几家公司，变成一个摄影师的助理。爸妈对于他，形同放弃似的，只要他"现在可以养活自己，将来可以养活妻小就满足了"。

后来，他当上了某电视公司的摄影记者，每天为了追逐新闻，冲来冲去，很少和哥哥联络。

他29岁、哥哥30岁那年，一天，平常在科学园区忙得没日没夜的哥哥，忽然回到家，对他说："喂，爸妈要拜托你照顾了，我辞了职，想到法国去学现代艺术。"

哥哥说，他已经累积了足够多的钱，前一阵子，他因为过度加班忙到昏倒，被从公司送到医院，差点"过劳死"，这使他悟到，人生有限，他不能一直没有自己，30岁了，他觉得自己有了足够的积蓄，留下来的股票够给爸妈养老，他想了很久，想要"为自己活"，选择一条他真正想走的路。

啊？他听得嘴都歪了。哥哥的梦想是学现代艺术？

"为自己活？"难道，英明的哥哥、不可一世的哥哥，不是一直都在为自己活吗？哥哥那么优秀，一直有许多选择的权利，不是吗？

"不，我一直活在别人的期望下，没有办法做我自己。"哥哥说，"我一直很羡慕你可以念美工科。以前看你在赶美术作业时，我都一边在念教科书，一边在嫉妒你：你真好，可以选择自己的兴趣。你那么自由，那么快乐。"

听了这话，他三分骄傲，七分心酸。骄傲的是，他竟然曾经让自己心目中的英雄暗暗羡慕过，心酸的是他了解，如果不是因为哥哥比他优秀那么多，承担了那么多父母的期望，他哪能够安安稳稳地做自己。

"原来，不被注意，有不被注意的舒适和快乐。"他说。

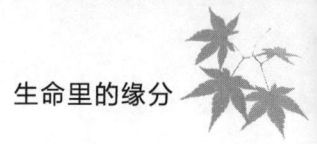

"我一直是在他的阴影下乘凉,却只会抱怨他遮住了我的阳光,并没有想到,因为他的存在,我才没有被晒伤。"

阅读提示

世界是一个舞台,每个人都是舞者。追光灯扫来扫去,被"罩"住的是那么光鲜灿烂、令人羡慕,同时,却多了一份拘谨,少了一份洒脱;没被"罩"住的难免会慨叹命运的不公,同时,却也多了一份自在,少了一份束缚。掩卷而思,"做最好的你"浮现在脑际。

　　我们震惊于这一家人的平静。他们理解了世界存在的意义和人对幸福的最高追求。

幸福就是现在 ·········· 章月娥

　　一个富人和一个穷人在谈论什么是幸福。

　　穷人说:"幸福就是现在。"

　　富人望着穷人的茅舍、破旧的穿着,轻蔑地说:"这怎么就叫幸福?我幸福可是百间豪宅,千名奴仆啊。"

　　世事无常,一把大火把富人的百间豪宅烧得片瓦不留,奴仆们各奔东西。一夜间,富人沦为了乞丐。

　　正当三伏,汗流浃背的乞丐路过穷人的茅舍,想讨口水喝。穷人端来一碗清凉凉的水,问他:"你现在认为什么是幸福?"

　　乞丐眼巴巴地说:"幸福就是此时你手中的这碗水。"

　　确实,幸福就是现在。只有一个个现在串成的幸福,才是一生一世的幸福。

　　一份新创刊的杂志,推出一项"征画活动",要求应征作品必须以《世界的最后时刻》为题。

在限定的日期内,来自世界各地的应征作品堆积如山。为了获取高额奖金,所有的应征作者都将想象力发挥到了极致:有的画了在世界的最后时刻情侣紧紧抱在一起,一边喝酒一边接吻;有的画了在世界的最后时刻将钞票堆在大街上燃烧;还有的画了在世界的最后时刻坐上宇宙飞船逃离地球⋯⋯但最后获得 20 万美金一等奖的,却是一位家庭主妇画的一张漫画。她在厨房洗刷完碗筷后,正伸手关紧水管开关。丈夫则正坐在餐桌边饮着一杯咖啡,一边还有一杯冒着一缕热气的咖啡在等着她。在餐桌旁的地板上,有两个小男孩,正在做着玩积木的游戏⋯⋯

评委们对这幅看似平常的一等奖获奖作品的评语是:我们震惊于这一家人的平静。他们理解了世界存在的意义和人对幸福的最高追求。

一位艺术家,名叫吉宾斯。休息天在家无事,他便做了一条长凳,放在花园里。随后,他在日记里写道:"我坐在凳子上歇息,可嗅到新锯木料和刚割草地的混合香味。梨树上有只画眉在歌唱,一对金翅雀在郁金香丛里觅食,还有一只黄蝴蝶翩翩飞过。看哪,那多美好。"

著名作家梭罗,晚年在华屯湖畔筑茅屋而居。传世名作《华屯湖》就是写的他在这里生活的感受。里面有一段是关于在屋内听雨的:"今天的绵绵细雨替我浇了豆畔,把我留在屋里。它并不令我感觉沉闷阴郁,反而对我有好处。我有好些愉快的时光,都是春雨或秋雨连绵时在屋内度过的。狂风怒号,大雨倾盆,淅沥不停,但是我心境一片宁静;黄昏早临,清夜加长,我的许多思考都在此时细加琢磨推敲。"

中国宋代最伟大的文学家苏东坡,屡屡被当权者流放。然而,不论处于什么样的境地,他都能保持一种乐天的情绪,及时享受人世的美好。一次,他对友人说,要使自己心情愉快,只需看到松柏与明月就行

了。而人生处处何地无松柏、无明月？只是少有人有这样的闲情和心境罢！

有位盲人，一生中从事着一件工作：种花。因为他父亲是远近闻名的花匠，子承父业，他别无选择，他天生是个盲者，从不知道花是什么样子。别人告诉他花是美丽的，他使用自己的手指细细地触摸，从心灵到颤抖的指尖，真切地体会美丽的含义；有人告诉他花是香的，他便俯下身去用鼻尖小心地嗅出另一种芳香来。几十年过去了，盲者像对待亲人那样侍奉着花儿，他种出的花，据说是小城里最为美丽的。

盲人种了一辈子花，却从来没有见过花是什么样子，然而盲人是快乐和幸福的，因为他的心是那样宁静和清澈，活得安详而纯净。

享受幸福的关键就是把握现在啊！

阅读提示

这又是一个关于幸福的定律！

导 语

天南地北、睽违已久的老友偶然见面，却像打开窖藏多年的老酒那么回味绵长。

旧雨重逢 肖 荻

在亲情、爱情、友情中，友情不像爱情那样朝夕相处，不像亲情那样经常来往。但，天南地北、睽违已久的老友偶然见面，却像打开窖藏多年的老酒那么回味绵长。日前，一些多年前从各单位下到一个农场里劳动的旧友，在一家酒店相聚。岁月沧桑，青春华年均已白发苍苍矣。但，个个精神抖擞、由衷愉悦。一位老友说："高官不如高薪，高薪不如高寿，高寿不如高兴。来，为久别重逢干杯！"

谁也没想到的是，在浓情絮语杯盘交错时，一位老友 L 站起来红着脸声明："下次再相聚，这个 AA 制我可能就不参加了。"这位老兄当年是历史系调干学生，离开农场后在一个历史杂志社工作，同时，还为一些历史工具书分担些条目汇编。他在同行中是个活字典，浩如烟海的历史资料，举凡某朝某代典故某人物，L 在故纸堆里能探囊取物。许多厚重的历史巨著，在编撰中多有他的辛勤劳动。资料工作报酬低、工作累、不起眼儿，名家不做，年轻人不屑做。但，L 却兴致勃勃、准确无误地破解难题，颇受同行尊敬。此次聚会 AA 制每人不过三四十元，为何他声明不再参加了呢？人们都以为他还像当年在农场时过得几近啬啬。一位了解他的老友道出真情：L 多年来一直月月不断地扶助家乡 4 个贫困生。随着费用的上涨，他的付出也在增多，所以，不得不节省每个铜板。他穿的仍是几十年前那件的确良衬衣，戴着一顶旧帽子，言不

惊人,貌不压众。但,他是一位根底扎实的学人,一位滚热心肠的好人。

再就是从法学界退下来的老D。他从农场出来就进入法学界,深钻法学知识,担任过政法报纸采编,退休后干过一段律师,在老友间经常为大家做些法律咨询,成了大家的免费法律顾问。他在处理案件时,重正义不重报酬。一个被村里恶霸无理欺压的农民到处求告,他接手后为之四处奔跑,掌握了证据链,终于取得胜诉。那位贫穷农民身无长物,便给他拉了一车自养的活鱼来略表谢意。老D辞谢不过,从市面上打听好价格,如数把钱寄去。他说,咱知道什么叫为难。

这么多年,也有些老友已辞世而去。C原是一位化学系高才生,不经意间遭遇了一场不幸。还乡后他出外回家时,浓云密布,狂风呼啸,过河时他感到桥板松动,怕有人不知情发生意外,便取来铁锹垫实桥板。正操作间,大雨倾盆而下,瞬间形成径流,他便加快用力,但脚下一滑跌入河中,几经挣扎未果,竟遭灭顶之灾。一个有理想、有学问、有爱心的人,就这么悄无声息地消失了。言至此,大家唏嘘不已几乎泪下,起立向C深深致敬。一位老友说,人世间高官、高薪、高寿、高兴,都不如高尚可贵,让我们永远记住他……

阅读提示

人生的价值究竟是什么?人生的意义又在哪里?人生的幸福源泉是从哪儿流出来的?读了这篇短文,也许你就能找到圆满的答案。

> 给别人猪肉，比要别人给自己猪肉幸福。

买些猪肉去感恩 ·············· 佚　名

今年夏天开始，猪肉涨价就天天上新闻了。

每次去买菜，感觉肉贵得离谱，以往买 5 块钱瘦猪肉，蒸一些给女儿下饭还能剩余一些来做肉片蔬菜汤。现在买 5 块钱给女儿吃都不够。买块熬汤的猪骨，没十多元就拿不走。因为猪肉涨价，鸡肉牛肉等其他东西都跟着涨。一张百元大钞，一拆开很快就消失了。好在自己的收入还可以应付，依旧消费，继续美好的生活，就让剩余的钱少一些吧。

昨天在办公室聊天，在婆家是甩手掌柜的蓝蓝说她不明白老母亲每天中午只用梅菜下稀饭，一问才知道竟然是猪肉贵了买不起了。蓝蓝说她父亲每月只有 500 元左右的收入，交了水费电费煤气费等等，所剩无几买菜……蓝蓝立刻每个月都从工资中分 500 元补贴母亲开饭。

是啊，低收入的家庭，生活本来就拮据，现在什么都贵，收入却不增加，生活的艰苦真是百上加千。

看新闻，报道某某地方政府给低收入的城市居民发放猪肉补贴，虽然只是每人每月 20 元，但也聊胜于无啊。

自己身边的亲友，不也是有很多收入不高的？不如，自己也用猪肉去送点温暖？

先生 78 岁的外婆，是靠儿女养老的，四个子女每人每月给 100 元。

那 400 元生活费还经常要买药治疗"老机器"。当我买了 1 斤瘦猪肉去看望她时，外婆没牙的嘴笑得更大了，脸成了一朵灿烂的菊花，说："猪肉这么贵，买这么多，够我吃几日了！"

我 84 岁的爷爷，是没有退休金的农民，跟我大伯住，我买了 5 斤猪肉去给他，大伯烧了一大锅红烧肉，油光光的、香喷喷的……一家人放开肚皮吃个够。我回去的时候他们高兴地说："谢谢！谢谢！"

花姐是我很好的朋友，我生孩子的时候，她在医院陪了一整夜呢。几年前她先生生病，花光了积蓄。现在，她先生病退的退休金才 1200 余元，每个月汇 600 元给在广州上大学的儿子，可以想象，他们的生活是如何捉襟见肘！我买了一对猪手送过去，为照顾她的自尊，就说是朋友送给我的，我怕胖不敢吃觉得浪费才送给她。她千欢万喜地熬了一大瓦煲胡椒猪手，安慰一下因为吃蔬菜太多而虚寒的胃……

大姑妈 62 岁，我童年最喜欢的事情就是跟她回娘家。白天有饼干水果吃，晚上还有肉吃。现在，姑妈是下岗工人，每月退休金才 400 元，姑父的生意破产了，两个表哥也是自身难保。曾经是富裕人家的姑妈，老了才学习精打细算过日子。对我买去的猪肚和排骨，姑妈说："好久没这么奢侈过了！侄女是大好人啊！你们夫妻大发！身体健康！"给了我一箩筐好话。

我并非在秀我感恩的心，我只是想说，在猪肉暴涨的今天，给别人猪肉，比要别人给自己猪肉幸福！所以，请你也买些猪肉去感恩吧！

阅读提示

　　这篇文章的视角有些特别,但又很平常。是平常中的特别,不过很多人都没有想到。可这样表达很在情理之中,它写出了普通人在生活中所具有的情感。抓住了这个共鸣点,就等于抓住了千百万读者的心灵。

五、对知识怀有永远的渴望与好奇

其实，爱迪生的最初发明动机并不是为了什么功名，正如长跑运动员博尔特说自己长跑只是为了长跑的本身，不是为了冠军。李政道研究物理，为什么在获得诺贝尔奖后的几十年中一直孜孜以求于物理学前沿的探索？李政道虽然已过耄耋，但他犹如一位刚刚出生的婴儿，始终睁开眼睛用好奇的眼光打量这个世界。人何以为人？是因为人对知识、对自然，还有对世间的万事万物始终充满着好奇与求解的心理……

导 语

　　科学与艺术的共同基础是人类的创造力,它们追求的目标就是真理的普遍性,它们像一枚硬币的两面,是不可分割的。

物理的挑战 ··········· 李政道

　　科技在中国古代很发达,物理的记录也相当早。早在唐朝(公元758年),杜甫就写下了"细推物理须行乐,何用浮名绊此身"的诗句。"细",即仔细观察,讲怎么做实验;"推",精密推理,讲怎么做科学研究、试验和理论。"须行乐",人要高兴,不要想能不能得诺贝尔奖,你必须本身有一种乐趣。我们中国古代,科学和艺术是很联合的,要不,杜甫怎么了解物理呢?

　　太阳是一个庞大的氢的核反应堆。瞬间在周边发生爆炸的星,我们叫新星。它的亮度要比太阳大几万倍。如果它一下子产生相当大的亮度,比太阳亮100万倍,那叫超新星。新星的寿命一般一两个星期,超新星的寿命差不多两年。全世界最早关于新星的记录是商朝,这是在一篇甲骨文中,记录了公元前1300年,也就是3000多年前的一个新的大星在星座出现,10天以后没有了。关于超新星,全世界最早的记录也是中国,是在北宋的宋仁宗年间,即 1054 年 8 月 27 日。它的纪录是这样的:突然间在白天冒出一个很大的星,大如鸡蛋;它每天有多大多大,一直记录到 1056 年 7 月。这是到目前为止全世界对超新星最长时间的记录。现在我们知道它是蟹状的星云生成,在它中间有一个中间星,也叫脉冲星。所以,新星和超新星的最早最完整记录,都是我们的老祖宗做的。

我们的老祖宗一向尊崇天圆地方,黄道赤道。公元前 3 世纪,屈原有 17 个文卷现在留下来了,里面有一卷是天文,说天是圆的。屈原是大诗人,想象力丰富:天是圆的,地假如是平的话,就会相交,相交显然不合理;既然天是圆的,地一定也是圆的;所以,中国是黄道、赤道,是两个弯儿。屈原再问,天地是圆的,还是椭圆的? 他说东西是经度,南北是纬度。是经度这边长一点,还是纬度这边长一点? 赤道是 6378 公里,南北是 6356 公里,相差 22 公里。屈原没有求出来。不过,这个充分解释的能力跟天圆地圆有关联,这在公元前 3 世纪,真是了不起,同时屈原的文章也写得好。科学与艺术的共同基础是人类的创造力,它们追求的目标就是真理的普遍性,它们像一枚硬币的两面,是不可分割的。所有的科学艺术之间的关系都是这样的。

"北冥有鱼,其名为鲲","化而为鸟,其名为鹏","怒而飞,其翼若垂天之云","背负青天而莫之夭阏者",这是庄子对宇宙的看法,这里的"怒而飞"就是宇宙最初的人爆炸。炎黄文化的悠久的历史,就像宇宙大爆炸一样,它会永远扩大,发展,永无止境。

阅读提示

　　读读著名科学家诺贝尔奖获得者李政道的演讲稿,可以开阔你的眼界,活跃你的思维,引发你的想象……这也是科学的魅力。

导　语

　　口香糖嚼得太频繁,也会使牙齿的珐琅质受到损坏,而且容易导致胃炎。要记住口香糖不能溶解于水,也不会变成腐殖质。

漫话口香糖　·········[俄罗斯]伊连娜·谢济娜　忆　维　译

　　口香糖看似普通,但事实上它是人类发明出的最让人感到矛盾的事物之一。英国诺森伯里亚大学的研究人员坚信,口香糖能够大大改善记忆力;科学家恩德留·肖利把这一点解释为咀嚼口香糖时心跳加快,有助于血液进入大脑;而新加坡政府对待爱好"美味橡皮"的人则相当严厉:政府禁止在新加坡领土上销售和吃口香糖,不服从者将被处以罚款,在大街上丢弃口香糖者可不是罚款就能了事的——而是会被送去坐牢。

那么,一切从何时开始的呢?口香糖的历史可以追溯到遥远的过去,早在1000年前就有了口香糖的鼻祖。在古希腊和近东,人们爱嚼乳香树上凝固的汁;玛雅人咀嚼橡胶树的树脂(平民百姓嚼橡胶);东南亚居民更喜欢嚼蒌叶;而北美洲的印第安人则向前迈了一大步——他们用松脂和蜂蜜加上兽毛制出了类似口香糖的东西。

欧洲人认为,第一个制造口香糖的人是美国一个名叫约翰·克尔季斯的小老板。1848年,他用添加香料和石蜡的树脂做成了口香糖,并自豪地管它叫"缅因州纯云杉脂"。可是,尽管克尔季斯花了九牛二虎之力,他仍然未能使口香糖变得柔软可口。由于添加了石蜡成分,这种口香糖一到嘴里便成了碎末,而香料的味道在入口后要不了几分钟就化为乌有,仅留下树脂的苦味。除此以外,克尔季斯的口香糖经不起冷热的考验,很容易变形。因此,尽管克尔季斯专门建造了三家工厂,但他发明的口香糖终究没形成气候。或许,我们也可以从下面这个有趣的故事来正式开始口香糖的历史。

在美国曾经有一位名叫托马斯·亚当斯的人,他的一生中并非事事如意。托马斯有一个目标——生产四轮大车用的橡胶外胎。为了这个目的,他从流亡的墨西哥人安东尼奥·洛佩斯手里购买了1吨橡胶。结果优质外胎没有做成,问题倒是来了:剩下大量的备用橡胶放在哪里好呢?这时,亚当斯回想起洛佩斯曾模仿印第安人的样子嚼过小块的橡胶。于是,他通过把橡胶放在糖浆里熬煮制成了美味的口香糖。这种被称为"亚当斯的纽约1号"的口香糖,开始在美国的所有商店里销售,并且赢得了许多人的喜欢。

继亚当斯之后,许多公司投入了口香糖的生产。其中有一家公司的会计沃尔捷尔·季梅尔在自家的厨房里反复试验,研制新的口香糖。他以为,若能发明新品种的口香糖,就可望得到提拔。正如常言所说

的,"功夫不负有心人",经过不懈努力,季梅尔果然成功了! 他研制成的弹性极好的新型口香糖可以吹出很大的气泡。这种口香糖后来起名叫"bubble gum",也就是我们常说的泡泡糖。这种新口香糖受到了消费者的青睐,很快世界各国开始举行吹泡泡糖比赛。1994年美国女人休赞·蒙哥利马·威廉斯创造了一项吹口香糖的世界纪录——吹出了直径58.4厘米的泡泡。

然而,使现代口香糖举世闻名的还得数肥皂厂老板的儿子威廉·里格利。他对生产过程进行了改革,改进了口香糖的味道和质量,并于1892年生产出了小有名气的"里格利留兰香(白箭)"口香糖,而一年以后"里格利多汁果(黄箭)"口香糖面世。

当时,它们在美国大受欢迎,直到现在这些品种仍然是口香糖中绝对的佼佼者。除了提升口香糖的味道外,里格利还研究口香糖的外形:薄片形、球形和棒形口香糖都是按照他的思路开发出来的。不仅如此,里格利还想到了出奇制胜的广告创意:1915年他搞到了一本美国最早的电话簿,按地址给电话簿上的每户都寄去3片口香糖,以便让每一个用户都有可能对它做出正确评价。从此以后,里格利口香糖的销量节节攀升,而口香糖的名声也开始传播到其他国家。

纽约州立大学口腔学院教授肯内特·艾伦博士在自己所在高校的学生身上进行了有趣的试验。他把56名学生分成2组:第一组上课时口香糖嚼个不停,而第二组绝对禁止这样做。三天以后艾伦测试两组学生对学习内容的掌握程度,结果嚼口香糖的一组比不嚼口香糖的一组平均高出半分。这让艾伦教授十分惊讶,虽然他本人认为还是不嚼口香糖比较好。

苏联只是到了20世纪70年代才生产出第一支口香糖,而在80年代口香糖制造商开始用代糖作为甜味添加剂,因为代糖对牙齿没有害

处。眼下,在许多商店里包装得花花绿绿的口香糖琳琅满目,47％的俄罗斯人很乐意定期购买它们。

口香糖具有许多优点,也有很多缺点。它可以在吃过东西后清洁牙齿和口腔,清新口气,帮助戒烟。可是,在"口香糖年代"之初,全世界大多数的牙科医生都害怕口香糖会把上下颌死死地粘住。口香糖嚼得太频繁,也会使牙齿的珐琅质受到损坏,而且容易导致胃炎。要记住口香糖不能溶解于水,也不会变成腐殖质。

因此,请不要随意乱吐。

阅读提示

标题叫"漫话",其实写得还是蛮紧凑的,来龙去脉交代得很有逻辑顺序。科技说明文的写作很有难度。口香糖的历史,口香糖的制作加工,口香糖的原料,在表达上需要一边叙述一边解说,有的还要论述和推理。它也要集多种表达方式为一体,也要多种表达方式的有机结合。

自我暗示有时真会创造奇迹。

暗示的力量 ·········· 冯玉律

中世纪杰出的学者阿维森纳曾经说过,在一切医疗手段中最有效的是刀、草和说话。外科医生的手术刀和草药确实使许多病人恢复了健康。但是,说话为什么也算作最有效的治病手段呢?

许多医学院学生都知道这样一个笑话。有几个人讲好要捉弄一下某个伙伴。每个人在碰到他时都发问:为什么你的脸色这样难看,这样苍白,一副生病的样子? 小伙子起先毫不介意地答道:我很健康,什么事也没有。但是,当第十个人这样问他时,他便受不住了。他脸色发白,心里怕得要命。人家再一问,他便说自己确实感到不舒服,赶快要回家去。这样开玩笑已经是恶作剧了,不过它直观而令人信服地显示出了人们说话的作用。

这种作用叫作暗示力。有的人神经很脆弱,容易受到刺激,他对暗示便特别敏感。比如,可以轻而易举地使这种人对什么东西害怕,或者相反,使他的情绪好转,变得高兴起来。

几句话(仅仅几句话!)便可以当着大家的面把病人治好。在上一世纪,法国有个退伍士兵当起神医,还出了名。有个一条腿瘫痪的人向他求医时,他威风凛凛地看着病人,突然大声发出口令"起立!"病人把拐杖一丢,真的站了起来,并且行走了。当然,并非所有病人都能给这位士兵治好,但事实上确有人在离开他时真的痊愈了。这些人的腿部

瘫痪是同神经系统的疾病有联系的(这类病称为精神病)。

科学家早已对这类"奇迹"做出了解释。谁都知道,各种外界的作用可以对内部器官的机能产生很大的影响。比如,使人恐惧、痛苦或者高兴的事情可以引起心脏跳动的加速或减缓,引起皮肤发红,造成黑发迅速变白等等。而有时候,说话对神经系统的作用则还要强烈,它可以明显地影响心理状态,从而影响整个机体的工作。

还有一种叫自我暗示,它也能对机体产生同样的、有时甚至是强烈的作用。在它的作用下,人可以把病治好,也可以无病而生起病来。一个人感冒以后声音有点沙哑,便怀疑自己完全失声。这个敏感的人老是想啊,想啊,似乎是在要自己相信快要失声了。于是,便真的发不出声来。需要指出,情绪在自我暗示时起很大作用。

暗示和自我暗示常常是相互伴随的。有个老太婆对长在皮肤上的瘊子念"咒语",瘊子果然消失了。这里起治疗作用的既有巫医的暗示,也有求医者的自我暗示——深信老奶奶的"咒语"会把瘊子除掉。至于她在瘊子上打结用的是线还是头发,对瘊子到底轻声念了些什么,那都无关紧要。

医生曾经多次检验这种疗法。比如,在瘊子上点普通的水、果汁、酒精,对病人却说这是特效新药,能把瘊子一下子除掉。结果,在许多人身上见了效。人们相信药,相信它有效,相信医生,于是瘊子便消失了。

自我暗示有时真会创造奇迹。战前,苏联有一位天才的演员 N.H. 毕甫佐夫。他在平时老是口吃,但是当他演出时克服了这个缺陷。用什么办法呢? 这位演员暗示自己:在舞台上讲话和做动作的不是他,而完全是另一个人——剧中的角色,这个人是不口吃的。这种办法一直挺灵!

在自我暗示的作用下,一个人可以突然变得耳聋眼瞎。但这个人

丧失视力不是因为视神经受损,而仅仅是由于大脑管理视觉的那个区域的机能受到扰乱,形成了一个病态性的抑制中心,使神经细胞长期丧失功能,它们不再接受传来的信号,也不再对它做出反应。这样的病人可以用催眠和暗示方法来治疗,并且可以一下子治好,使不明真相的人大吃一惊。

阅读提示

北京协和医院院长在中央电视台举办的"开讲啦"专题节目中说:医生治病有三个要素,一是语言,二是药物,三是器械。这语言要素中当包含着暗示的力量。

导 语

"第六感"还不是一个科学的概念,因为至今没有任何能够说服人们的确凿证据表明存在有除视觉、听觉、嗅觉、味觉和触觉以外的感觉通道。

人类是否有"第六感"
姜春明

"第六感"一直是人们争论的话题,有些人对"第六感"的存在深信

不疑,而有些人却认为是无稽之谈。如果人类有第六感,那么"第六感官"在哪里?科学家最近有了新发现。

犁鼻器——第六感官?嗅觉感官?科学家对动物界进行探索后,指出动物界普遍存在对外激素(信息素)的感觉。外激素是动物分泌的化学物质,用于影响同种动物的行为。通过研究,科学家认定感觉外激素的器官叫作犁鼻器,这是一个位于鼻中隔底部的软骨结构。目前,人类外激素也已被科学界确认,只是接受人体外激素的器官犁鼻器却已高度退化,只有在胎儿和新生儿中,还有明显的犁鼻器结构。人类的犁鼻器最先是由美国的解剖学者在解剖尸体时发现的,后经两位电子显微镜组织学家莫兰和杰夫克证明无误。美国学者利用研究昆虫触角电析法和测量法,将电报放置在人类犁鼻器上,再将讯号放大,结果发现,和其他昆虫、老鼠一样,可以测量出不同化合物所引起的直流电压变化。结果显示,男性的犁鼻器对女性皮肤分泌的醇类物质特别敏感,而女性的犁鼻器对男性皮肤分泌的酮类物质特别敏感。那么,从犁鼻器测量出来的反应,跟嗅觉有什么不同吗?为什么要叫它第六感呢?因为犁鼻器和鼻内的嗅觉上皮层位置不一样,而且后者有神经和大脑相连接,而前者尚未找到与大脑皮层连接的神经。

人类具有类似鲨鱼对电流的第六感?与此同时,随着更多的科学研究,科学家发现在人类身上还存在着其他"第六感官",这些也是通过对动物的比较研究得出的。不久前,美国科学家的最新研究显示,人类也具有类似鲨鱼对电流的第六感。

人类大脑"第六感"可预警危险吗?2005年底,美国华盛顿大学脑心理学专家的研究结果显示:人类大脑额前叶的某一部分会对某些危险情境起到预警作用。研究人员发现,脑部的一块区域——又被称为前扣带脑皮质,可能会觉察出环境中细微的变化,并起到预警作用,提醒人们逃脱困境。

　　争论还在继续。虽然科学家有了关于人和动物的第六感的新进展，但仍有专家指出，从自然科学或者认知神经科学的角度看，目前，"第六感"还不是一个科学的概念，因为至今没有任何能够说服人们的确凿证据表明存在有除视觉、听觉、嗅觉、味觉和触觉以外的感觉通道。但有些事情，人类目前所具有的能力和技术手段，尚不足以证实或者给出清晰、科学的解释。"第六感"到底有没有，还是让时间去回答吧。

阅读提示

　　　　这是一篇科技说明文。说明是解说事物的表达方式。请同学们注意该文的说明方法——从第二自然段起，一直到第四自然段，每个自然段的开头都用提问方式，是典型的先提出问题，再分析问题的逻辑思路。几个自然段的结构特征非常明显，分析问题后并没有得出结论，如果说有什么结论，那就是"争论还在继续"，这也可视为文章逻辑思路过程中的解决问题。严密的逻辑构架和清晰的解说表达，形成了该文的主要特点。

导 语

雨,这个美妙的象形字,它是唯一在同时成为一幅儿童简笔画的汉字。

雨 ......周晓枫

从平凡的时刻出发,从洁净的地点开始。雨,这个美妙的象形字,它是唯一在同时成为一幅儿童简笔画的汉字:四个孪生的水滴兄弟,正路过窗口,乘着风倾斜的滑梯。雨的样子多么简单,我们的种种迷惑和猜想正基于此——因为包含着巨大的可能性,所有的未知数均大于已知。在"无"中才能放进"有",雨就是这样,盛下一桩浩大的无望爱情,或是数次挫折万物的风暴。流浪的波西米亚人从水晶球中占卜命运,一个孩子从雨里得知的更多。我仰头,第一滴雨恰巧落下,像神奇的药液,瞳孔从未这样清亮。

先于每年春天到来的,是一场雨。经过冬季漫长的肆虐,大地伤痕累累。一切都是光裸的、贫苦的,世界被剥削得彻底破产。只有秃桠的柿树上,挂着几个去年的残破果实,难挨寒冷中,麻雀曾把它们一一啄开,作为最后的救命赈济。空旷,体现出某种近于哀悼的气氛。从被拷打的昏迷中苏醒,需要一盆迎头泼下的水。雨就此到来。我们放心了,

雨是自行车的悦耳铃声,穿绿制服的树,很快就会把春天直接邮递到我们手里。雨下起来,优美的天地乐器,它竖琴的弦连续演奏,把我们带进童话般无尘的想象。雨是春天的小号,夏日的珠链。雨是竖纹的网,低垂的帘。雨是细齿的一把水晶梳。

来自高空,来自目力不可抵达的玄想之城,从未有一种事物等同雨,让我如此想象天堂的存在。雨是神播种的秧苗。雨是一棵生满针叶的玻璃植物。或许,它盛大的树冠隐匿在天庭,雨滴只是一颗颗椭圆的籽粒,摇落下来,要在土壤间植入秘密的和平。雨是最小的仙女,舞裙浅灰,踮起芭蕾足尖——靛蓝色的夜晚,她的絮语和歌声在枕边,好心的仙女因何忧伤?绵密的雨,好似银针,谁踩着一架巨大的缝纫机在大地上刺绣?更大的雨来了,做值日的天使在冲洗楼上的台阶。当天上的河流注满,水就如瀑布一样溢出,让我们认清天地之间的巍峨落差。雨是上帝垂下的钓线,就像从水层下面诱引鲜活的鱼,它从黑暗的土壤深处钓出花朵。联系起天与地,雨仿佛是一种信物,这些来自天上的字母,我们无从解读。但我深信,神用雨水降下谕旨,字字剔透晶莹,灌溉万物,渗透至它们的根部,过后又无迹可寻,然而,雨后每个晴朗的日子,都要默默执行这一含而不露的律令。有一次,很小的一个石块从五楼阳台上碰落,轻易敲开一个叔叔坚硬的头骨。在医务室里,我看到汹涌的血不止流淌,身材魁梧的叔叔呻吟起来,他害怕了。我不禁迷惑,怎样的力量控制,使每一滴雨从那么高、那么高的地方下坠依旧温柔?穿过辉煌彩绘玻璃,橙蜜色的阳光照耀生来有罪的婴孩,他核桃般幼小的心中已承载下世袭的恶念——神父正为婴儿施洗,以纯洁之水。教堂中,默立着信徒们,作为受洗人,圣水也曾滴洒在他们的额头。那么雨,是否是一场来自天父的盛大洗礼?世间一切,沐浴在无限恩泽与宽恕之中。

是作者无比丰富的想象力成就了《雨》这一优美的散文诗篇。在第二自然段中,作者将比喻和排比并用,第三自然段中拟人与夸张交错……想象借助修辞的载体发挥得淋漓尽致,而结尾处更是将情感推向高潮:自然的雨和社会的人紧紧相连。让读者有了更大的阅读创造空间。

导 语

一个人也往往如此。他活着默默无闻,他的生命像一点微弱的光,谁也不去注意他有什么才干。而一旦受人器重,摇动了他的双肩,使他精神振作起来,促使他思考自己的未来——

泉

[苏联]伊·库切连柯

我的菜畦靠近一条芦苇丛生的荒凉小溪。溪岸上杂草之间散乱地长着菖蒲,在菖蒲长得又高又密的地方,有几处汩汩流淌的清泉。纯净的水顺着弯弯曲曲的狭窄沟渠流入浑浊的河湾。随时可以看到,小鱼

成群结队逆流而上,有时静止不动,不停地扇动着鱼翅。

临近夏天,小溪边上的草被人割去了。在灼人的阳光下,小小的泉眼渐渐干枯,细细的小沟现出了龟裂的纹路。只是根据这些灰色泥土的裂痕才能看出,不久前这里曾经有水流过。

春天,一个毫不显眼的小泉眼在一棵弯曲歪扭的柳树旁边喷涌。我在旁边的深坑里取水浇西红柿,常常坐在粗糙的树干上,把赤裸裸的脚伸进冷水里,瞅着嘟嘟往外冒的泉水,有时朝泉眼扔一块土。泉眼不再喷水了,但很快透过浸湿了的土块又渗出水来,接着它冲破障碍,连泥土一起冲走了。

有一天,我用脚从岸上踹下一个很大的土块,"扑通"一声土块盖住了泉眼和它四周的水坑。"这回泉眼再不会喷水了。"我思量着,不禁有些惋惜,不该把泉眼堵死了。然而,我还没浇完一小畦菜的工夫,泉眼就为自己打开了通路,又流出来了。"不屈服哪!"我轻松地舒了一口气。

我的那个小水坑是早就有的,坑边已经塌陷,长满了草,草叶很长,一直垂到水面。虽说水坑有排水沟,但由于坑里长满了浮萍,总是散发出臭泥塘的气味。我决定废弃这个水坑,在有泉眼的树穴旁再新挖一个。"我帮你把通路再扩大一些。"我从心里对泉眼说着,于是把它清理了一番,顺着杂草和芦苇把沟挖得更深一些,一直通向开阔的水面。

我再回来看新挖的水坑时,里面已有一米多深的水了。水坑清澈透明,水底的每个小沙粒都看得一清二楚。水坑中心,泉眼卷着细沙正不停息地喷涌着。看来,这回谁也不能再阻挡它的去路了,它自己已经完全能够冲破一切障碍。它那清凉的水注入了干涸的小溪,小溪像春汛时一样奔流,水流进了草原……

一个人也往往如此。他活着默默无闻,他的生命像一点微弱的光,

谁也不去注意他有什么才干。而一旦受人器重,摇动了他的双肩,使他精神振作起来,促使他思考自己的未来——于是你瞧吧,他对世界就会换一种看法,他的生命力就像这泉眼一样涌腾不止、奔流不息。

阅读提示

留心观察(观察力),善于思考(领悟力),学会表达(表达力),好文章的奥秘就在于此!

导 语

看似卑微的一片落叶,在它一生的历程中,其实蕴有伟大的精神,始终在勤勉地付出,不求回报地付出。

梧桐的落叶  姚 喆

法国梧桐是秋天的树,虽然在别的季节也有它的美。在南京,它是最为常见的行道树,不论长街短巷,都有种植,几近触目可遇。法梧有个别名叫悬铃木,我想是因为法桐会结茸茸的土黄色小球,正像一个小铃铛挂在枝上。让人想起挂在庙观檐角的风铃,风过处,叮叮传响,有

临流望远之意。

深秋天凉风起，树上已有叶子开始老去。一叶叶枯黄，在风中萦回缱绻后，缤纷倚身街头，公交站台上、行车道上、停在路边的自行车上，还有走过秋天的旅人的肩上。偶然伫立，静望枝叶之上的蓝空流云。蓝空下，参差不一的细碎日光，静覆树荫。风色染金，摇曳着轻盈吹过。

秋风扫落叶。环卫工人穿着橙红色的工作服，在慢车道上辛勤忙碌。长长的一路，这里那里，他来回清扫。散落满地的叶子很快被拢成一堆，集中起来往垃圾车里倾撒。我拾起一片法桐叶，看失去绿光的叶脉。手一松，叶子随风飘向彼端的快车道。正是上午，车潮汹涌奔流。我的目光一直不离落叶，时光中瞬息间的凝眸，仿似电影慢镜的游移：行人、车辆、楼房、报刊亭、街灯、广告牌……一切一切都退后远逝，成为落叶身姿的背景。想起这一片叶子在春夏之季的绿影，见证了"大自然的盛大与豪华"，如今返身回故园，走一程归途，去往大地，正如流水朝宗于海，人的生命也会复归尘土。只一会光阴，地上又铺了好些落叶，为行人不知不觉地踏过去，不曾听见叶落时，秋天的叹息。

叶落身姿的伤逝之感，总能引动诗人的幽怀，对往日美好的眷念，对当下幸福的珍惜。今与昔，不知有几多诗人咏叹过落叶。但落叶并不仅仅是诗人自我抒情的分子，在他本身，有着抒情以外的生命之路，其间有勤勉的努力，有无私的付出。英国的自然史学者汤姆生曾写道："最足以代表秋天的无过于落叶的窸窣声了。它们生时是慈祥的，因为植物所有的财产都是它们之赐，在死时它们亦是美丽的。在死之先，它们把一切还给植物，一切它们所仅存的而亦值得存的东西。它们正如空屋，主人已经跑走了，临走时把好些家具毁了烧了，几乎没有留下什么东西，除了那灶里的灰。但是，自然总是那么豪爽的，肯用美的，垂死的叶固有那样一个如字的所谓死灰之美……但在将死之先，叶子把一

切值得存留的它们的工作的残余都还给那长着它们的树身。有糖分和其他贵重物质从垂死的叶慢慢地流到树干去,在冬天的气息吹来以前。"

叶子在逝落以前,有这样一番最后的付出,足以让我们震动。人与自然万物同在,却因自认为是天地间最为灵智的生物,较少能留心别的生物的生活。在其他的动植物面前,人类常会有一种视其卑微的傲然。读了汤姆生教授所写的落叶的故事,我们才知道:看似卑微的一片落叶,在它一生的历程中,其实蕴有伟大的精神,始终在勤勉地付出,不求回报地付出。古希腊的哲人曾说,人类起初的智慧来自于对大自然的摹仿。

大自然有豪华的一面,却也有严肃的一面,落叶将死之前的付出就是自然严肃的一面。人类在发展的路途上,往往只贪恋智慧的无上威能,一任自己的利益无限铺张,对自然作掠取式的占有,其结果,反而威胁人类自身的生存。近些年自然灾害频发,早有有识之士指出,这与人类过度占有自然以至生态失衡相关。落叶的爱照见人类灵智的渺小,我们应该惭愧,再一次地向自然学习。在享受自然的盛大豪华的同时,也不忘却学习自然的严肃,心里存有一份自然之前的谦逊。庄子很早就看到人错用智慧的堕落,所以要"绝圣弃智",让人回到初民的朴直。他是因为珍惜智慧,才这样愤激。智慧是豪华的,但在运用之时,要有严肃的底色。落叶正给我们这样的启迪。

阅读提示

对梧桐落叶,作者是以一种对读生命的敬畏态度去观察、去领悟、去表达的。从秋风扫落叶的萧瑟中,从枯枝残

叶的衰败里，作者在哀怨叹息之余更多的是体味、反思和觉悟。大自然中的一切，包括一片枯叶、一根衰草，只要你用心去触摸，就一定会感觉到无形的生命力量，而这种力量的源泉恰恰在于你善良平等的内心世界。这才是人类真正的大智慧。

 **导 语**

　　就让我做一会儿溪水吧，让我从林子里流过，绕花穿树、跳涧越石，内心清澈成一面镜子，经历相遇的一切，心仪而不占有，欣赏然后交出。

溪　水

李汉荣

　　一条大河有确切的源头，一条小溪是找不到源头的。你看见某块石头下面在渗水，你以为这就是溪的源头，而在近处和稍远处，有许多石头下面、树丛下面也在渗水。你就找那最先渗水的地方，认它就是源头，可是那最先渗水的地方只是潜流乍现，不知道在距它多远的地方，又有哪块石头下面或哪丛野薄荷附近，也眨着亮晶晶的眸子。于是，你不再寻找溪的源头了。你认定每一颗露珠都是源头，如果你此刻莫名其妙流下几滴忧伤或喜悦的泪水，那你的眼睛、你的心，也是源头之一了。尤其是在一场雨后，天刚放晴，每一片草叶，每一片树叶，每一朵花上，都滴着雨水，这晶莹、细密的源头，谁能数得清呢？

溪水是很会走路的，哪里直走，哪里转弯，哪里急行，哪里迂回，哪里挂一道小瀑，哪里漾一个小潭，乍看潦草随意，细察都有章法。我曾试着为一条小溪改道，不仅破坏了美感，而且要么流得太快，水上气不接下气似的在逃命，要么滞塞不畅好像对前路失去了信心。只好让它复走原路，果然又听见纯真喜悦的足音。别小看这小溪，它比我更有智慧，它遵循的就是自然的智慧，是大智慧。它走的路就是它该走的路，它不会错走一步路；它说的话就是它该说的话，它不会多说一句话。你见过小溪吗？你见过令你讨厌的小溪吗？比起我，小溪可能不识字，也没有文化，也没学过美学，在字之外、文化之外、美学之外，溪水流淌着多么清澈的情感和思想，创造了多么生动的美感啊！我很可能有令人讨厌的丑陋，但溪水总是美好的，令人喜爱的，从古至今，所有的溪水都是如此的可爱，它令我们想起生命中最美好纯真的那些品性。

林中的溪水有着特别丰富的经历。我跟着溪水蜿蜒徐行，穿花绕树，跳涧越石，我才发现，做一条单纯的溪流是多么幸福啊。你看，老树掉一片叶子，算是对它的叮咛；那枝野百合花投来妩媚的笑影，又是怎样的邂逅呢？野水仙果然得水成仙，守着水就再不远离一步了；盘古时代的那些岩石，老迈愚顽得不知道让路，就横卧在那里，温顺的溪水就嬉笑着绕道而行，在顽石附近漾一个潭，正好，鱼儿就有了合适的家，到夜晚，一小段天河也向这里流泻、汇聚，潭水就变得深不可测；兔子一个箭步跨过去，溪水就抢拍了那惊慌的尾巴；一只小鸟赶来喝水，好几只小鸟赶来喝水，溪水正担心会被它们喝完，担心自己被它们的小嘴衔到天上去，不远处，一股泉水从草丛里笑着走过来，溪水就笑着接受了它们的笑……

我羡慕这溪水，如果人活着，能停止一会儿，暂不做人，而去做一会

儿别的,然后再返回来继续做人,在这"停止做人的一会儿里",我选择做什么呢？就让我做一会儿溪水吧,让我从林子里流过,绕花穿树、跳涧越石,内心清澈成一面镜子,经历相遇的一切,心仪而不占有,欣赏然后交出,我从一切中走过,一切都从我获得记忆。你们只看见我的清亮,而不知道我清亮里的无限丰富……

阅读提示

　　全篇多用拟人修辞方法,观察细致、描摹精致,是典型的抒情散文。希望同学们反复吟读。

感触生灵

导语

　　一眼见到克里姆特的名画《吻》，已被绣好裱在镜框里，标价人民币 25000 元。问服务员为何如此价高？服务员说，这幅苏绣用了一年零八个月才完成。

二十八日

王　梅

　　一条蚕的一辈子只有二十八日。

眠　起

　　读小学的时候，记得我们班里几乎每个人都养蚕。那时的孩子对小动物有出自内心的亲情，蟋蟀、蝈蝈、兔子、狗、青蛙、蝴蝶，什么都养什么都玩，不像现在的孩子只看书本上的东西。大家把蚕装在纸盒里带到学校，下课时就打开盒子，互相炫耀。我们喜欢管蚕叫"魔术虫"，以当时的年龄我们还根本没有理解这种生命的能力，都觉得太神奇了，不敢相信黑点般比蚂蚁还小的蚕虫从卵里一个个钻出后，日后会变成飞蛾。

　　二十多年过去了，我早已不再是当初的我，蚕却依旧如初。这是岁月一路漂流过来送给我的一份礼物。

　　今年春天，从丝绸博物馆买来二十条蚕。它们刚从蚕壳里钻出，个

个如米粒。因为太幼小,给它们喂桑叶时,只能借助细棒之类的东西把它们轻轻放到桑叶上。我担心晚上屋子黑,怕它们在桑叶上觅不到叶子的边,特意把一盏台灯打开,给它们照亮。

去博物馆取桑叶时,与工作人员得意地说起这事,不料被他们笑道:"幼蚕没有眼睛,根本看不见,它们靠的是本能。"没想到我自作聪明,反而弄巧成拙。晚上关了灯,站在盒子边,我看不见它们,却能清楚听见蚕们吃桑叶的声音,细细地,像夜的私语。

当它的表皮不能跟着身体长大,当生长受到表皮限制后,它开始断食,昂起头,一动不动地进入眠期,隔了几日醒来,蜕去一层皮。皮去净了,又开始拼命吃桑叶,沿着叶边一道道地啃,吃得只剩下几条经脉。它们像草一样静静地生活,不是进食桑叶,就是进入眠期,一眠一起,如此反复,经历四次。它们就好像是专心在做某件事的匠工,一心要把此生做得完满。

有些事情,只要心甘情愿,就能变得这样简单。

吐　丝

经历了四眠四起的蚕,一天比一天肥壮起来,而且体色越来越白,慢慢变成透明状,为即将来到的蜕变积蓄力量。它们身上渐有蚕丝泌出,伏在桑叶上已是丝叶相连。

这天,一只蚕停止了进食,它爬出桑叶,在纸盒里找到一角,开始吐丝,旁边还有一摊深褐色液体湿染了白纸。我的一点有限常识告诉我,这该是蚕最后一次体内杂质的排泄。生命的造化竟会安排得如此周全,它不让污渍有半点残留在体内,以此让身体变得更干净,这样吐出的丝不知会有何等纯粹、何等洁净。

第二天一早起床后去看它,见它还在吐丝。想想自己已睡了一晚,它仍在不分昼夜地忙碌。此时,蚕丝已密,丝丝相连织成一个椭圆状,蚕丝在灯光的照射下,根根闪着晶亮的色泽,蚕就被包裹在里面,通体透明。我不禁愕然,想到孕育婴孩的胚胎。

这天,在丝绸博物馆领桑叶,无意间看到介绍蚕的一段文字,说:"蚕儿浑身都是宝,每只蚕可吐出 1200 米至 1500 米长的丝。"

一只不足十厘米长的蚕,和它吐出的千米长的丝,两者的迥异,全在它身上发生了。

意　外

就在第二只蚕也要吐丝时,发生了意外。开始它找了纸盒一角吐丝,可是不知怎的,到了晚上,它突然更换了地方。第二天早上,它又换了地方,这会儿是爬在头一只已结好的蚕茧上。它为何要这样做?它肯定是找不到让自己满意之处,所以,要不断地更换场地。令我担心的是,它前后两次丝都白吐了,这无疑在耗费精力。果然没多久,它从蚕茧上爬了下来,无力地瘫在一旁。

它吐不了丝了,做不了蛹了。整整两天一夜,它把体内的丝吐光了,却没有做成茧。它的体色一下黯然失色,如死人般蜡黄。它的身体开始日益萎缩,只有先前的一半。它回不到从前,也走不向将来。临死的征兆就在眼前。

蚕结不成茧的概率有多少?我跑到丝绸博物馆问工作人员。工作人员反问我说:你没有把牙膏壳剪成一段段给蚕做一个上蔟的格?

我莫名地摇头。我以为蚕都能找个角去吐丝。

如果有个簇格,蚕宝宝就会很好地结成茧。工作人员反复告诫:找一个牙膏壳,剪成一段段,这是最简便的办法。

但是已经晚了。这只蚕蔫成一团,再也没有先前那种心志气高昂

头吐丝的神态。它也许渴望离去,但缺乏勇气。它还想吐丝作茧,哪怕还有最后一丝。

一切都是注定的吗?不是。它结茧失败完全是因我之故。我以为以丝取暖的灵异之物没有不结茧的道理,我还以为自己对它们充满关爱,孰料因我无知,把它给毁了。

一只吐丝结不成茧的蚕,和一个失去了生存意义的人一样,唯一可选择的只剩下死亡。这样的死,终究是一种解脱。

蜕　变

所幸剩余的十九条蚕,总算个个安然无事,它们先后吐丝,然后一个接一个被茧密实地包裹在里面,慢慢地看不见了。一切都沉静下来,再也听不到它们嚼食桑叶的声音。它们在茧内正在发生怎样的变化?又是如何在变化?里面的隐秘就像看不见的某种物质,游离在看不见的空气里。

直到有一天,一只飞蛾第一个咬破蚕茧钻了出来,把蜕身而出的蛹壳甩在身后。

丝吐干净了,蚕变成了蛾,长出一对翅膀,扇动着快乐的两翼。

这样彻头彻尾的改变,叫人看了惊叹不已。难免要想,也许在梦里我们也曾有过蜕变的苍穹,像激情的山泉从高山冲下,刹那要把石块击成齑粉,像透亮的水珠,迟早要把石块滴磨穿孔。不过我们总在梦里,从未走出来真正经历过。当年高更由一名股票经纪人,陡然转身挣脱束缚,跑到南太平洋的塔希提岛作画,他说:"我必须画画。"这样的人,如果要根究他何以要如此硬着心肠与从前判若两人,追求物质享受是不成立的,他恰恰选择某种意义上的贫穷,只想要必不可少的物质维持最基本的生活水平便心满意足。事实是,这样的人,在他体内存有远比

自己意志更强大的力量,可以承受即使贫窘到极限,也要完成自己的突围,成就一场自我蜕变。

但这样的理念,凡人难以理解。大多数人都是毛毛虫,没有蜕变的坚核。

临　别

十九只蛾一只只破茧而出后,开始交配、产卵。这些卵最先为白色,随后变成褐色,最后凝成黑色,就像一颗颗芝麻粒。卵成十九只蚕的 N 倍数以惊人的数量密密麻麻撒满了五个纸盒。庞大的繁殖量远远超出了人的想象。

此时,产卵后的蚕蛾也快接近生命尾声。这日,盒里一只蛾开始躁动不安起来,羽翼像发疯似的上下扑打,发出很烈性的声音。等我下班回家,看见它已从纸盒里飞下来,落到阳台的地上。

它死了。想起老人们说过的话,蚕蛾下完了卵,是要飞走——自己找个地方死去。它自知期限。

我看着它,不相信死对它来说存在的意义。

当晚,去宾馆看望一个朋友。见灯光奢华的大堂里有一个专卖店,专售手工苏绣。这些苏绣作品选材广泛,既有名家油画,也有各式风景画,色线丝流间弥漫出生活的情趣与精致。

一眼见到克里姆特的名画《吻》,已被绣好裱在镜框里,标价人民币25000 元。问服务员为何如此价高?服务员说,这幅苏绣用了一年零八个月才完成。其实她只说对了一半,另一半应是这幅苏绣所表现出的意韵与油画原作已无二致:一样的恋人间的骨肉相亲,一样的为转瞬即逝的爱的伤感,像要把自己灵魂的秘密整个呈献出来。丝是从蚕的心里掏出来的,用丝作的画,也是从蚕的心里掏出来的。

阅读提示

　　这篇文章描述蚕的演化蜕变,却不是一篇单纯的生物学观察报告。本文的独特之处在于,作者是带着纯真的童心和温暖的目光去凝视蚕二十八天的生命进程的。作者惊叹于它们吐丝的神奇,感动于它们完成蜕变的执着,并从中感悟到一种让生命绵延不绝的意志力量。由蚕的蜕变来观照人,人的一生也是一个不断蜕变不断突破局限的过程。

　　从行文上看,文章对蚕演化过程的描写,经过了精心的剪裁。分段落按阶段叙述的方法让整篇文章结构清晰。而议论感悟的部分没有游离在叙述之外,而是由相应的场景自然地引申出,这就使全文兼具生动性与哲理性。

 **导 语**

　　天下所有慈母的跪拜,包括动物在内,都是神圣的。

藏羚羊跪拜 ······· 王宗仁

这是听来的一个西藏故事。发生故事的年代距今有好些年了。可

是,我每次乘车穿过藏北无人区时,总会不由自主地要想起这个故事的主人公——那只将母爱浓缩于深深一跪的藏羚羊。

那时候,枪杀、乱逮野生动物是不受法律惩罚的。就是在今天,可可西里的枪声仍然带着罪恶的余音低回在自然保护区巡视卫士们的脚印难以到达的角落。当年举目可见的藏羚羊、野驴、雪鸡、黄羊等,眼下已经成为凤毛麟角了。

当时,经常跑藏北的人总能看见一个肩披长发,留着浓密大胡子,脚蹬长筒藏靴的老猎人在青藏公路附近活动。那支磨蹭得油光闪亮的权子枪斜挂在他身上,身后的两头藏牦牛驮着沉甸甸的各种猎物。他无名无姓,云游四方,朝别藏北雪,夜宿江河源,饿时大火煮黄羊肉,渴时一碗冰雪水。猎获的那些皮毛自然会卖一笔钱,他除了自己消费一部分外,更多地用来救济路遇的朝圣者。那些磕长头去拉萨朝觐的藏家人心甘情愿地走一条布满艰难和险情的漫漫长路。每次老猎人在救济他们时总是含泪祝愿:上苍保佑,平安无事。

杀生和慈善在老猎人身上共存。促使他放下手中的权子枪是在发生了这样一件事以后——应该说那天是他很有福气的日子。大清早,他从帐篷里出来,伸伸懒腰,正准备要喝一铜碗酥油茶时,突然瞅见两步之遥对面的草坡上站立着一只肥肥壮壮的藏羚羊。他眼睛一亮,送上门来的美事!沉睡了一夜的他浑身立即涌上来一股清爽的劲头,丝毫没有犹豫,就转身回到帐篷拿来了权子枪。他举枪瞄了起来,奇怪的是,那只肥壮的藏羚羊并没有逃走,只是用企求的眼神望着他,然后冲着他前行两步,两条前腿扑通一声跪了下来。与此同时,只见两行长泪从它眼里流了出来。老猎人的心头一软,扣扳机的手不由得松了一下。藏区流传着一句老幼皆知的俗知:"天上飞的鸟,地上跑的鼠,都是通人性的。"此时藏羚羊给他下跪自然是求他饶命了。他是个猎手,不怜悯

藏羚羊是情理之中的事。他双眼一闭，扳机在手指下一动，枪声响起，那只藏羚羊便栽倒在地。它倒地后仍是跪卧的姿势，眼里的两行泪迹也清晰地留着。

那天，老猎人没有像往日那样当即将猎获的藏羚羊开宰、扒皮。他的眼前老是浮现着给他跪拜的那只藏羚羊。他觉得有些蹊跷，藏羚羊为什么要下跪？这是他几十年狩猎生涯中唯一见到的情景。夜里躺在地铺上他也久久难以入眠，双手一直颤抖着……次日，老猎人怀着忐忑不安的心情把那只藏羚羊开膛扒皮，他的手仍在颤抖。腹腔在刀刃下打开了，他吃惊地叫出了声，手中的屠刀咣当一声掉在地上……原来在藏羚羊的子宫里，静静卧着一只小藏羚羊，它已经成型，自然是死了。这时候，老猎人才明白为什么那只藏羚羊的身体肥肥壮壮，也才明白它为什么要弯下笨重的身子为自己下跪，它是在求猎人留下自己孩子的一条命呀！

天下所有慈母的跪拜，包括动物在内，都是神圣的。

开膛破腹半途而停。

当天，他没有出猎，在山坡上挖了个坑，将那只藏羚羊连同它那没有出世的孩子掩埋了。同时埋掉的还有他的权子枪……从此，这个老猎人在藏北草原上消失了，没人知道他的下落。

阅读提示

这是作家王宗仁听来的故事，不管其真实性有几分，但"动物都是通人性的"这符合事实。这篇文章在撩拨我们心灵深处的那一份慈悲和同情之余，更重要的是唤醒我们的

环境意识。这个世界，其实不只是人类一个主人，所有的生灵都是地球的主人。

 导 语

　　人类之间的争斗如果没有堂而皇之、巧言令色的粉饰，又将如何？

山崖上的鹰　　　　　　　　　宋传恩

　　群山绵延，树木葱郁。一对鹰在空中借着风的浮力，悠然翻飞，优雅，自信。它是这里的君主，巡视着自己的疆域，在那密林深处，尚有多种动物，有灵猫、秃鹫、野兔……既有它的敌人，也有它赖以生存的食物。

　　不到半小时的《动物世界》，却使我难以忘却。震撼心灵的不是难得一见的动物形态，而是动物界对人类社会的照应。

　　在那陡峭的悬崖旁，一对鹰的巢筑在那里，它们的儿子在精心的呵护下正茁壮成长。在巢的下方，还有一个新巢。通常，在几十里的范围里，老鹰会有多个巢穴。这是本性使然，狡兔三窟，为了生存繁衍，它们必须如此。

　　雌鹰守护儿子，雄鹰出去捕捉猎物。时而，它会折下一段枯枝带回

新巢,尽管那枯枝的重量超过它的体重,它舒展双翼,划过山谷,动作优美,令人叹绝。

它们不断在新巢里添加新枝嫩叶,这是要繁殖后代的前兆。通常,鹰是冬季交配、春季繁殖、在夏季把它们的儿女送上蓝天。

这违背季节的繁殖意念是危险的,壮大家族的渴望使它们雄心勃勃。

不久,新巢中两只毛茸茸的雏鹰成为新宠。雌鹰张翅为幼鸟遮阴,雄鹰张罗全家的饮食。

旧巢中那展翅欲飞的长子已成为它们的累赘。通常,它要父母再喂养半年,才能出外开辟疆土。两只雏鹰的降生打乱了它成长的行程。

尽管它不具备独立生存的能力,尽管它不情愿、哀求、挣扎,丝毫没有改变父母的决心。父母把它赶至十多公里外的悬崖边。

这是个陌生的环境,它要面对的不仅是难以摆脱的饥饿,漆黑恐惧的夜晚,特别是把它视为珍肴美味的天敌灵猫。一声声哀鸣难以唤回父母失去的理智。

雷声隆隆预示着雨季的来临,雨水丰沛已成为期望的梦。野火却真真切切地燃烧在山谷。逃亡、躲藏、殉葬成为山谷野火丰满的内容。雄鹰极力搜索着侥幸逃过野火的动物。不仅幼鸟嗷嗷待哺,雌鹰也在饥饿的煎熬中垂头丧气。

气温已上升到 40 多摄氏度,雌鹰饥渴难耐,不得不抛下幼子去寻找食物。

新巢中上演着惊人的一幕,尽管烈日炎炎,幼鹰兄弟同室相煎。哥哥啄杀弟弟不遗余力,尽管弟弟浑身血迹斑斑,在巢内爬来爬去拼命挣扎。哥哥气喘吁吁却斗志不减,必置弟弟于死地而后快。

雌鹰空腹失望而归。幼鹰已死在哥哥之手,为保持巢内清洁,雌鹰

把幼鸟尸体清出巢外。雄鹰依然没有归来,雌鹰只得再次起飞。它终于找到雄鹰,在它的配合下,一只野兔死在它们爪下。它们飞回巢中,等待它们的是撕心裂肺的绝望,哥哥在杀死弟弟后死于炎炎烈日之手。一日之内,二子俱失。

雌鹰对丈夫的责骂、踢打并未失去理智,她抓起野兔飞向十多公里外的山崖。那里有它的长子,它正在饥饿之中。

山崖边风萧萧如泣如诉,山崖中的断爪、凌乱的羽毛已确切地表明,长子已成为灵猫的腹中之物。

鹰夫妻扩大家族的勃勃雄心,却演化为一个意外的结局。

顺势而行是自然界的规律,反其道而行之,逆势而动,失败在它们往新巢中添加嫩叶时就注定了。

想要的东西得不到,还会失去原有的东西。马太效应弥漫在自然界的各个角落。

弱肉强食,同室操戈,自然之本。杀死对手乃至弟弟,为自己多捞取一份生存的机遇。虽惨不忍睹,动人魂魄,却发人深思。

人类之间的争斗如果没有堂而皇之、巧言令色的粉饰,又将如何?

动物如人,动物的本性如人。动物界物种生命进程的演化折射出人类社会生存的本态。

在第二年的春天,科考人员在山崖边的鹰巢中又发现了两只毛茸茸的雏鹰。

阅读提示

由鹰引起的翩翩遐想,与其说是对自然之美的欣赏,不

如说是对人类自身的反思。人与自然、人与社会、人与人之间的关系，在现代文明的进程中是否应该重新定位？

　　母猴的背后映衬着落日的余晖，一片凄艳的晚霞和群山的剪影，两只小猴天真无邪地在树梢上嬉闹，全不知危险近在眼前。

猎人与母猴（节选）
叶广芩

　　1960年，山里饿死了人，公社组织了十几个生产队，围了两个山头，要把这个范围的猴子赶尽杀绝，不为别的，就为了肚子。零星的野猪、麂子已经解决不了问题，饥肠辘辘的山民把目光转向了群体的猴子。两座山的树木几乎全被砍伐光，最终一千多人将三群猴子围困在一个不大的山包上。猴子的四周没有了树木，被黑压压的人群层层包围，插翅难逃。双方在对峙，那是一场心理的较量。猴群不动声色地在有限的林子里躲藏着，人在四周安营扎寨，时时地敲击响器，大声呐喊，不给猴群以歇息机会。三日以后，猴群已精疲力竭，准备冒死突围，人也做好了准备，开始收网进攻。于是，小小的林子里展开了激战，猴的老弱妇孺向中间靠拢，以求存活；人的老弱妇孺在外围呐喊，造出声势。青壮的进行厮杀，彼此都拼出全部力气浴血奋战，说到底都是为了活

命。战斗整整进行了一个白天,无数的死猴被收敛在一起,按人头进行分配。

那天,有两个老猎人没有参加分配,他们俩为追击一只母猴来到被砍伐后的秃山坡上。母猴怀里紧紧抱着自己的崽,背上背着抢出来的别的猴的崽,匆忙地沿着荒瘠的山岭逃窜。他们是有经验的猎人,他们知道,抱着两个崽的母猴跑不了多远。母猴慌不择路,最终爬上了空地上一棵孤零零的小树。这棵树太小了,几乎禁不住猴子的重量,绝对是砍伐者的疏忽,他根本没把它看成一棵"树"。上了"树"的母猴再无路可逃,它绝望地望着追赶到跟前的猎人,更紧地搂住了它的崽。

绝佳的角度,绝佳的时机,两个猎人同时举起了枪。正要扣动扳机,只见母猴将背上的、怀中的小崽儿,一同搂在胸前,喂它们吃奶。两个小东西大约是不饿,吃了几口便不吃了。这时,母猴将它们搁在更高的树杈上,自己上上下下摘了许多树叶,将奶水一滴滴挤在叶子上,搁在小猴能够够到的地方。做完了这些事,母猴缓缓地转过身,面对着猎人,用前爪捂住了双眼。

猎人的枪放下了,永远地放下了。他们不能对母亲开枪。

阅读提示

在国家大力倡导环境友好型和资源节约型发展新模式的形势下,重读《猎人与母猴》一文,显得特别有现实意义。人性与兽性,人类与动物,孰优孰劣?我们真的应该很好地反思和检讨了。